JN100603

心理学研究法

三浦麻子

心理学研究法（'20）

装丁・ブックデザイン：畑中　猛

s-36

まえがき

本書は，放送大学のテレビ授業『心理学研究法』のテキストで，心理学を教養として学ぶだけでなく，自らの手による研究を志す方々のために，標準的な研究手法とその基礎知識を平易かつ的確に解説したものです。

近年，心理学を学ぶ方々の状況には，いくつかの要因により，大きな変化が生じています。まず1つは日本に「公認心理師」という心理職の国家資格が設定され，その養成を目指した大学・大学院の教育カリキュラムが整備されたことです。その中で『心理学研究法』は，「大学における必要な科目」つまり資格取得のための必修科目とされています。心理支援を現場で実践する際に心がけるべきことは多種多様にありますが，心理学という学問体系を形成する根幹の1つは研究法です。基礎的な知見や理論を学んだ上で，自らテーマを設定して研究を計画し，収集したデータを分析・考察するという一連の科学的実証手続きを遂行するためのスキルとテクニックの習得は，必ずしも研究を生業とはしない心理職の方々にとっても必須です。これらを身につけた人材となること，すなわち「心理職は現場で科学者たるべし」という考え方を「科学者＝実践家モデル」（scientist-practitioner model）といいます。心理職が医師や看護師，教師など他の専門職と協働することの意義は，彼らとは異なる角度から同じ現場を見つめる視点を導入できるところにあります。その視点こそが科学者としてのそれだと，著者らは考えています。

人間の心の働きを科学的に見つめるまなざしは，心理職に就く人にとってのみ有用なわけではありません。他者の心の状態を推測する心の機能のことを「心の理論」（theory of mind）といい，人は成長する中で「自分と他人は違う」ことを徐々に知るようになります。ではどう違うのか，なぜ違うのか。社会生活の中には，心の理論をより深め，自分と他者の違いに折り合いをつけることが必要になる場面が多々あります。そんな場面で，自らの思いに振り回されすぎない科学的な視点をもつことは，互いにとってより適応的な社会生活を導くことでしょう。自己流ではない確立した方法論を身につけ，研究を実践する経験を通してこそ，それを手に入れることができるのです。

もう１つの変化は，心理学研究の再現性の低さ，あるいは心理学に限らず科学研究全般における研究不正に注目が集まっているという残念な状況があることによるものです。これらの問題は，研究者個人が誠実に研究に取り組みさえすれば解消できるものではなく，それを支え，促進する仕組みの整備が鍵となります。特に研究プロセスの透明性の確保が重要で，国を挙げた「オープンサイエンス」への取り組みも始まっています。科学研究の新時代とも言えるこうした仕組みについて是非知っておいてほしいと思い，関連する記述を厚くしました。

本書の執筆と放送授業は，筆者を含む５名の講師が担当しました。執筆当時，５名は関西学院大学心理科学研究室の同僚でした。全員が，実証主義に根ざした科学的な観点を共通基盤として研究を推進しています。何をどう伝えれば，心理学研究の適切なスキルとテクニックを身につけられると同時にその面白さをより深く理解できるか，議論を重ねて本書の上梓に至りました。本書を通じて，心理学を「研究」してみたい，そのために多くのことを学びたい，と思って下さる方が少しでも増えることを願っています。

2020年２月

三浦麻子

目 次

1 心理学研究法入門 1
――心理学研究の基礎知識

三浦麻子

≪目標・ポイント≫ 本章の目標は，心理学研究に着手するにあたり，誰もが共有しておくべき重要事項として，「心理学とは何か」に関する理解と，それを研究するとはどういう行為なのかに関する理解を深めることである。それぞれの研究法を詳しく学ぶ前に，なるべく分かりやすい例をあげながら，実証科学としての心理学の基盤となる基礎知識について，大づかみな理解を目指す。

≪キーワード≫ 実証科学，概念，変数，妥当性と信頼性，相関と因果

1．心理学を「研究する」ということ

「心」は，ごくありふれた言葉である。しかし，誰も見ることができないものでもある。それだけに，その心の理(ことわり)を明らかにする学問である心理学の定義はよく分からないと言われることが多い。これから心理学研究法を学ぶにあたり，まず，心理学とは何かに関する理解と，それを研究するとはどういう行為なのかに関する理解を共有しておこう。

心理学は，心の働きを対象とする実証科学である。心の働きとは，私たちの意識や行動を支えるメカニズムのことであり，実証とは，理論から導き出された仮説が事実であることを示すことである。より具体的に言えば，心理学研究とは，心の働きが関わる何らかの現象が存在するための条件（秩序）や発生するメカニズム，あるいはそれが存在すると決まって生じることがら（法則）に関する仮説を立てて，適切な対象から

経験的事実に基づくデータを収集し，その積み重ねから現象を正確に記述することによって，それが真実であることを示すことである。こうした実証が目指すのは，なぜその現象が存在するのかに関する知識を獲得したり（理解），ある現象が生じる前にそれを予期できるようにしたり（予測），ある現象を引き起こすべくそれに先行する条件を操作したり（制御）することである。

こうした「心の科学」としての心理学は，19世紀後半にドイツ・ライプツィヒ大学のヴントが心理学実験室を創設した頃から現在に至るまで，多くの研究を蓄積してきた。心に関する学問の歴史は，古くはギリシャ哲学にまでさかのぼることができるが，哲学による心の探究が思弁的方法，つまり経験によらず，思考や論理にのみ基づく考察によって行われてきたのに対して，近代以降の心理学では，自然科学的手法による系統的な検討，つまり順序立てて組み立てられた計画に基づく実証を試みる。

心理学は実証に基づく科学である。そうであるがために，あらゆる研究成果は，そこで行われた実証によって対象とした現象を正確に捉えることができているかどうか，見出されたのが真実だと言えるかどうかを，常に厳しく問われることになる。しかし先ほど述べたように，誰も心を見ることはできない。さらに，人は行動の背後にある「心の働き」を（見えなくても）意識できる場合もあるが，たとえ自らのものであってもそのすべてを意識できるわけではない。例えば，なぜ特に勉強したわけでもないのに大体正しい文法で言葉（母語）を話すことができるのかという，自分が「話せる」しくみを意識できる人はいないだろう。また，ものの見え方についても同様で，なぜわれわれが立体的にものを認識することができるのか，あるいはいわゆる「錯視図形」をなぜ物理的にあるがままの形や色で知覚することができないのか，といった視覚のしくみを意識できる人もいないだろう。意識している（できる）ものとしては，「腹が立ったので手近にある紙をびりびりと破いた」といった感情とそれに伴う行動，あるいは「ふと立ち寄った店で見つけてどうしても買いたくなった可愛い靴を衝動買いした」といった欲求とそれに伴う行動，などがあるが，これらも感情や欲求の内容を意識することはできても，なぜそれらが生じるのかを意識することはほとんどないし，考えて分かるものでもない場合が多い。しかし，こうした「無意識」の行動の背後にメカニズムが何もないわけではない。つまり，心の働きを知ろうとするとき，それを意識できるものだけに限ってしまうと，分かることはごく限られたことになってしまう。そこで心理学では，心の働きを支えるメカニズムを，本人の意識にのぼるか否かとは無関係に推論するために，行動（behavior）に注目する。心理学研究とは，心の働きのあらわれとして行動に注目し，実証のための証拠を集める行為である。

2．心理学研究の基礎知識

（1）概念的定義と操作的定義

次に，心理学研究に着手するにあたり，誰もが共通理解をもっておくべき重要事項について解説する。

「心」のように，目に見えないが確かにそこにあるはず，というもののことを概念（concept）という。心理学には，自然科学のように分野全域にわたって普遍的に定義されている用語・数量・単位といったものはほとんど存在しない。研究で用いる概念は，その研究，あるいはそれが位置付けられる文脈においてきちんと定義しておく必要がある。

定義（definition）には，概念的定義（conceptual definition）と操作的定義（operational definition）の２つのレベルがある。概念的定義とは，その概念の意味を説明する言葉（文章）のことで，意図している意味合いをできるだけ正確に表現するために不可欠である。しかし概念は直接観測することができないので，その観点からすると曖昧である。これに対して操作的定義とは，概念を観察・測定する手続きによって定義するもので，「概念は，それに対応する一組の操作と同義である」という操作主義に立脚して，概念をより分かりやすく明確に定義することを試みるものである。例として表１－１に「知能」に関する定義の一例を示す。

表１－１　「知能」の定義

概念的定義	操作的定義
特定の能力ではなく，各個人が目的的に行動し，合理的に行動し，自分の環境を能率的に処理する総合的な能力のことである（Wechsler, 1944）	知能とは，知能検査（例えば成人知能検査（WAIS）など）で測定された得点である

概念的定義を読めば，知能という概念が指す意味はなんとなく理解できるだろう。しかしそれだけでは，目の前に研究対象者がいて「ではこの人の知能はどのくらいですか？」と問われても，どうしたらよいか困ってしまう。目的的，合理的に行動するとはどんな振る舞いのことを指すのか？　総合的な能力とはどのように表現されるものか？　そこで登場するのが操作的定義である。知能検査は，複数の課題を実施して，その得点によって知能の程度を表現するためのツールである。別の言い方をすれば，知能の概念的定義に基づいて，どのような手続きに従って，どのように対象者を取り扱えば知能が算出できるかを事細かに操作的に定義したものが知能検査だ，ということになる。表１－１のWAISはウェクスラー（Wechsler）が開発した知能検査である。

つまり，心理学研究では，いくつかの概念の特徴や相互の関連に注目して，それぞれの操作的定義に従って実証のための証拠を集めることになる。それが実験や調査，観察などによって収集されるデータ（data）である。ある概念に関するデータは，個人や状況によって値が変わりうるものなので，変数（variable）という。

（２）妥当性と信頼性

概念的定義はひとつに決まったものではない。そして，操作的定義もまたさまざまである。例えば知能検査も，数多くの研究者によって多種多様なものが提案されている。だからこそ，概念的定義と操作的定義の妥当性（validity）―概念をきちんと捉えうるものになっているかどうか，満足にそれを表現できているかどうか―と信頼性（reliability）―同じ対象に同じ条件で同じ検査を繰り返し実施した場合に，同様の結果が得られるかどうか―は，常に検証の目にさらされる。妥当性は測定の有意味性，つまり目的の心理的状態や行動を確かにそれとして測定できている程度である。これに対して，信頼性とは測定の精度，つまり何らかの心理的状態や行動をバラつきなく測定できている程度である。妥当性と信頼性の両方が揃ってこそ，「あてになる」測定が可能となり，それに基づく法則性の発見と実証の試みが意味をもつようになる。

ここでは，測定したい概念をアーチェリーの的の中心に，それをいくつかの項目で測定した個々の結果を矢になぞらえて，心理学的な測定における妥当性と信頼性の関連を考えてみよう（図１－１）。（ａ）の場合，矢はどれも的の中心に当たっておらず，またそれぞれバラバラな箇所に当たっている。これが，妥当性と信頼性がともに低い状況である。（ｂ）では，矢は的の中心を外しているが，特定の箇所に集中して当たっているので，妥当性は低いが信頼性は高い。（ｃ）では，４本の矢すべてが的の中心に当たっている。これが妥当性と信頼性がともに高い状況を指す。この３例を見れば分かるのは，測定の精度が高いことは，必ずしもその測定の有意味性を保証するわけではないということである。つまり，測定の信頼性は妥当性の必要条件だが（信頼性が高くなければ妥当性が高い場合を想定することはできないが），十分条件ではない（信頼性が高くても妥当性が高いとは限らない）。

妥当性と信頼性について多面的な観点から検討し，それを確保することは，普遍的に定義された用語・数量・単位などがほとんど存在せず，概念について時に応じた定義を試みるしかない「不確実性の科学」である心理学にとって，学問としての生命線である。妥当性と信頼性の両方を備えた測定をするために，具体的にどういう研究手続きにおいてどのような点に配慮し，またどのような方法でそれを確認するかについては，今後紹介される各研究法の章で詳細な解説を加える。

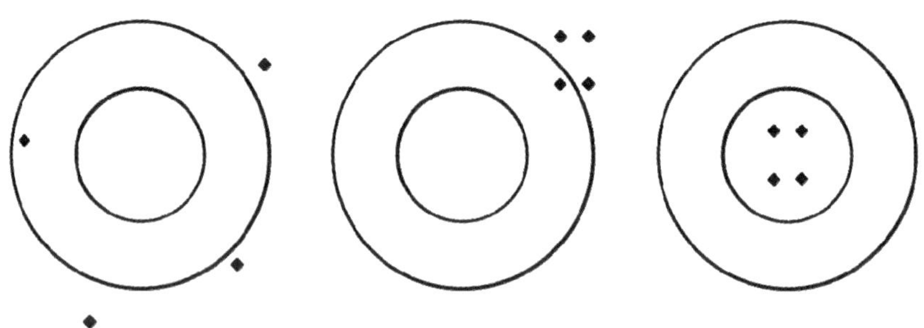

(a)妥当性低･信頼性低　(b)妥当性低･信頼性高　(c)妥当性高･信頼性高

図１－１　妥当性と信頼性の関係

（出典：三浦（2017））

（３）相関と因果

測定データを吟味する際に重要なのは，まずは特定の概念を表わす変数のデータ一つひとつがどのような特徴をもっているかを確認することである（詳しくは第３章２節（１）を参照）。しかし通常の研究はそれだけでは事足りない。各変数の特徴を踏まえた上で，変数同士，つまり概念相互の関係を探る方向へと展開していく。複数の変数に関するデータの間になんらかの関係を見て取ることができ，さまざまな観点から検討してそれが真実だと思われ，さらにその関係を定量的に表現できるならば，そこには法則性があると主張してよいだろう。しかし，その主張をする前に，その関連は本当に正しいのかどうかをよく検討しなくてはならない。

複数の概念の相互関係を示す概念が，相関（correlation）と因果（causation）である。相関関係とは，２つの変数になんらかの規則的な関係があることをいう。図１－２に典型的な例を３つ示す。変数Ｘと変数Ｙがどのような値をとるかを直交座標平面上に表したものである。最も分かりやすいのは，両者に直線的な関係がある場合である。まず，（ａ）のように，変数Ｘの値が大きくなると変数Ｙの値も大きくなる場合を「正の相関」という。授業への出席率が高い人はサボりがちな人よりも成績が良い，といった関係である。逆に，（ｂ）のように，変数Ｘの値が大きく（小さく）なると変数Ｙの値が小さく（大きく）なる場合を「負の相関」という。抑うつ傾向が高い人はあまり抑うつ的ではない人よりも友人の数が少ない，といった関係である。さらに，（ｃ）のように，２つの変数の間に曲線的な関係が見られる場合も，やはり「相関関係がある」という。例えば，交際を始めた頃はあまり自己開示（ありのままの自分の情報を伝えること）をしないが，交際が深まるに従い（相手に理解してもらいたいという気持ちから）多くの開示をするようになる。しかし交際が長期にわたると（わざわざ開示しなくても分かりあえるようになるため）またあまり開示しなくなる，といった逆Ｕ字型の関係を想定すると分かりやすいだろう。

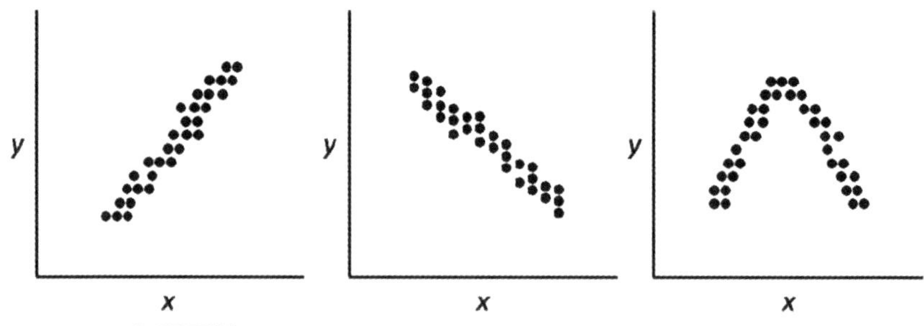

図１－２　相関関係
（出典：三浦（2017））

因果関係とは，変数Xが原因で変数Yの変動が引き起こされるという結果が生じる場合である。２つの変数の間に因果関係がある場合には，両者には必ず相関関係がある。しかし，変数Xと変数Yの間に相関関係が見られるからといって，変数Xが変数Yの原因であるとは必ずしもいえない。相関関係をもつ変数Xと変数Yの因果に関する関係には表１－２のようなパターンが考えられる。例えば，インターネット普及率と地球温暖化の進行について考えてみよう。いずれもここ数十年で高まっているので，両者には強い正の相関が見られる。しかし，インターネットが普及したから地球が温暖化したとも，地球が温暖化したからインターネットが普及したとも考えにくい。表１－２で言えば両者の関係は（４）ないしは（５）であろう。２つの変数の間の因果関係を決定するためには，表１－３の条件をすべて満たす必要がある。因果関係の存在をつきとめるのは非常に難しいが，やはり心理学研究の最終目的はその解明にあり，それに向けた努力が必要である。因果関係が特定できれば，原因をコントロールすることで，現実を変える試みに着手できるからである。

ただし私たちは，２つの変数に相関関係があるとなると，そこから即座に因果関係もあるかのように思い込みがちであることも知っておいてほしい。例えば「カエルが鳴くと雨が降る」という俗説と「カエルの鳴く量と降雨量の相関関係」を考えてみるとよい。雨が降るときのほうがカエルはよく鳴くとしても，カエルが鳴くことが雨を呼ぶわけではない。雨が降るからカエルが鳴くのかもしれないし，両者に因果関係はないかもしれない。カエルと降雨の関係ならすぐに気づいても，例えば孤独感と飲酒量の関係だとどうだろうか。孤独感が行動にもたらすネガティブな影響について考えている人ならば「孤独感が強まると飲酒量が増える」と思いがちで，飲酒のもつネガティブな心理的影響に関心がある人ならば「飲酒量が増えると孤独感が募る」と思いがちではないだろうか。しかし，どちらであるかは特定できないし，ひょっとすると直接の因果は存在しないかもしれない。こうした思い込みはある種の論理的誤謬（論証過程に明らかな間違いがあるために，全体として妥当でない論証）だが，研究者においても免れ難いものなので注意が必要である。

表１－２　相関関係をもつ変数Ｘと変数Ｙの因果に関する関係

(1) 変数Ｘが原因で，変数Ｙが結果（変数Ｘ→変数Ｙ）
(2) 変数Ｘが結果で，変数Ｙが原因（変数Ｘ←変数Ｙ）
(3) 相互的な因果関係（変数Ｘ→変数Ｙかつ変数Ｘ←変数Ｙ）
(4) 変数Ｘも変数Ｙも，変数Ｚを原因とする結果
(5) 何の因果関係もない

表１－３　変数Ｘ→変数Ｙの因果関係を決定するための条件

(1) ２変数間の相関関係の強さ
(2) 時間的先行性（ＸがＹに先行して出現すること）
(3) 関連の特異性（ＸがＹの発生に特異的に関わっていること）
(4) 関連の普遍性（ＸとＹの関連が測定の時期・対象・方法が異なっていても認められること）
(5) 関連の整合性（ＸがＹの原因になりうることが外的基準で検証できること）

(4) さまざまな変数

心理学研究，特に実験では，ある行動を引き起こす効果をもつ原因を特定して，その程度を研究者が組織的に変化させた上で，結果に当たる変数を測定する。そして，両者の因果関係の有無や程度を明らかにすることを試みる。このように，変数同士の因果関係が特定可能な，あるいはおそらくそうだろうと推測される場合に，原因だと考えられる変数のことを独立変数（independent variable）といい，結果にあたると考えられる変数のことを従属変数（dependent variable）という。独立変数を組織的に変化させることを操作（manipulation）という。1回かぎりの調査のように，変数間の因果関係を特定できる手がかりが十分にない場合や，観察や複数時点で実施する調査のように，原因を研究者が操作しているわけではない場合にも，独立変数と従属変数という用語がよく援用される。

しかし，研究で得られる結果は，実は数多くの要因に影響されている。つまり，研究者が想定した独立変数とは無関係の別の要因の影響でも従属変数が変化してしまうことがある。ゆえに，ある特定の因果関係を推定するためには，それ以外の因果的説明を排除する必要がある。従属変数になんらかの影響を及ぼすことが想定されるが，操作していない（することができない）変数のことを剰余変数と呼ぶ。第三変数，干渉変数，調整変数，二次的変数，交絡変数，共変数（共変量）といった名称で呼ばれることもある。従属変数に影響をもつ変数として関心の対象としている独立変数と，そうではないが影響をもつ可能性のある剰余変数がきちんと分離できていないと，剰余変数の影響も従属変数に反映されてしまうために，従属変数に見られる違いや変化が，独立変数と剰余変数のどちらの効果なのかがよく分からなくなってしまう。こうした問題を交絡（confound）という。交絡を防ぐためには，剰余変数についても同時に測定してその影響を事後的に取り除く，当初から比較する群間で値に違いがないように調整する，あるいは独立変数と一緒に変化してしまわないようにするなど，なんらかの手立てを検討しなければならない。これを統制（control）という。

例えば，食べ物の色合いがおいしさの評価に与える影響に関心がある研究者が，次のような実験をする場面を考えてみよう。５種類（赤色，青色，黄色，緑色，黒色）のコーティングがされたチョコレートを10粒ずつ同じ皿に載せて１種類ずつ参加者に提示し，食べてもらっておいしさを10段階で評価させたとしよう。独立変数は食べ物の色合い５種類であり，従属変数はおいしさの評価である。両者の因果関係をなるべく正確に推定するためには，どのような剰余変数を想定し，かつそれらが交絡を生じさせないような工夫をする必要があるだろうか。例えば，実験を実施する時間帯はどうだろう。朝一番と夕方では参加者の空腹度が違うことが影響するかもしれない。実験室の明るさはどうだろうか。明るさによって色の見え方が違う可能性がある。あるいは，直前にチョコレートを食べてきた参加者とそうでない参加者，あるいはチョコレートが大好きな参加者と苦手な参加者では，評価が違うかもしれない。このように，剰余変数となりうるものは実験を取り巻くあちらこちらに存在しうる。こうした影響が無視できないほど大きいと見積もるならば，なるべく交絡を防ぐための工夫を施す必要がある。例えば，参加を依頼する時点でチョコレートが嫌いだったりアレルギーのある人は参加させないような確認をしたり，実施時間は朝一番と決めた上で参加者には朝食は必ずとってくるように（ただしチョコレートは食べないように）求めたり，実験室の明るさをきちんと計測して日常場面と同等でかつ変化のない程度に保ったり，といった具合である。

実験室という特定の場所で実施する実験でもこのように多くの剰余変

数が想定されるのだから，その外に出ればなおのことである。日常生活には無数の変数があり，あらゆる剰余変数を想定，あるいは事後に検出してそれを統制することは困難だが，特に影響の大きそうなものは事前によく検討して，できるかぎり統制する努力をすべきである。

3. リサーチ・クエスチョンの設定

心理学研究に着手する際は，研究課題に関するより具体的な問い（リサーチ・クエスチョン；RQ）の設定が求められる。概念的定義から操作的定義を定めることが必要とされるのと同じである。心理学など社会科学は，社会や人間から学ぶ学問であり，社会現象や人間行動を予断や偏見をもたずに観察することこそが問題発見にとって重要である。研究課題はいたるところに転がっているのだから，日常生活の中で目にしたことや見聞きしたものについてふと抱いた疑問が優れた研究結果につながることも少なくない。しかしこうした状況は，時にかえって何をしたら「研究」という大事業になるのかを分かりにくくさせてしまい，初めて心理学研究をしようとする人が困難さを感じる場合も少なくないようである。しかし，心理学のRQはこう設定しなければならない，というルールはないので，まずは興味をもてる対象を発見して，そこから細分化した研究課題を導き出していくことになる。

とはいえ，興味をもてる研究課題を「そのまま」現実に着手可能なRQにできることはあまり多くない。一生かかっても答えが見つからないかもしれないくらい壮大な研究課題は，例えば卒業論文のテーマにはあまりふさわしくないかもしれない。むしろ小さな（と思われる）テーマにも意外な面白みがあることも多い。また，さまざまな現実問題もある。研究に割くことができるコスト（時間や費用），倫理的問題，そして，研究者自身の経験や知識の限界などがそれである。「制約がある」と言ってしまうとつまらないかもしれないが，余計な枝葉を切り落としてRQをミニマムかつ核心をついたものに練り上げていくのだと考えれば面白くもなろうし，よい研究のためにはそれが必須である。

RQの設定と大きな関わりをもつのが，その研究を実施するためにどのような方法でデータを収集するかである。そこで次章では，心理学の代表的な研究法について詳しく学ぶ前に，それぞれの強みを比較対照させながら概説する。

演習問題

1.「心理学」が科学たりうるために研究者が常に意識し，心がけるべきことについてまとめてみよう。
2.「性格」の概念的定義と操作的定義を考えてみよう。
3.「インターネットを介したコミュニケーションをすればするほど孤独感が増す」という因果関係が存在するかどうかを検証することができる実験デザインを考えてみよう。

解答のポイント

1. 本章で述べていることすべてであるが，心が「目に見えないもの」であることがもたらす不確実性にどう対処すべきかを常に考え，なるべく確実性の高いデータを得るために最善を尽くすべきである。
2. さまざまな概念的定義がありうるが，例えばゴードン・オールポートは「個人の内にあって，個人に特徴的な行動や思考を決定する精神身体システムの力動的な構造」と定義している（Allport, 1961）。こうした構造の特定の側面に注目した数多くの性格検査が作成・実用されており，それぞれが操作的定義をなす。

3．インターネットが広く普及した現代にあっては実施が難しい研究である。普及当初にアメリカで行われた意欲的な実証実験にKrautら（1998）による「インターネット・パラドックス」研究がある。この研究では，インターネットを使ったことがない家庭にパソコンとインターネット接続が可能な環境を提供し，その利用状況を継続的に測定し，孤独感などの心理変数との関連を検討している。

引用文献

- Allport, G. W. (1961). *Pattern and growth in personality.* New York: Holt.
- Kraut, R., Patterson, M., Lundmark, V., Kiesler, S., Mukophadhyay, T., & Scherlis, W. (1998). Internet paradox: A social technology that reduces social involvement and psychological well-being?. *American Psychologist,* 53, 1017-1031.
- Wechsler, D. (1944). *The measurement of adult intelligence* (3rd ed.). Baltimore: Williams & Wilkins.

参考図書

- 南風原朝和・市川伸一・下山晴彦（編）『心理学研究法入門：調査・実験から実践まで』（東京大学出版会，2001年）
- 三浦麻子『なるほど！心理学研究法』（北大路書房，2017年）
- 村井潤一郎（編）『Progress & Application 心理学研究法』（サイエンス社，2012年）

2　心理学研究法入門2
——研究法概説

三浦麻子

≪目標・ポイント≫　リサーチ・クエスチョンが明確になれば，具体的な研究計画を考える段階になる。良い研究のためには適切な研究法を選ぶ必要がある。本章では，本科目で取り上げるすべての研究法について概説する。それぞれの基本的コンセプトと特徴，特に利点と限界を大まかに理解し，研究計画を立案する際に適切な研究法の取捨選択ができるような基本的知識を身につけることを目指す。

≪キーワード≫　実験，調査，観察，面接，検査，介入研究

1．研究法概説

第1章で述べたとおり，研究を始める際にまず着手すべきは，思い描いたテーマに関する具体的な問い（リサーチ・クエスチョン；RQ）を明確にすることである。そして次なる課題は，それをどのように研究すれば目的が達成できるのか，具体的な計画を立てることである。そのためにはまず，用いる研究法を適切に選択する必要がある。

（1）実験法

実験は，種々の心理学研究法の中でも「科学的な実証」をもっともよく表した方法で，近代心理学の創始以来，心理学の中心的な研究法であり続けてきた。実験では，ある行動を引き起こす効果を持つと考えられる要因（独立変数）を特定して，その程度を組織的に変化させることで，

要因の程度と結果として生じると思われる行動（従属変数）の程度の間の因果関係を明らかにする。しかし，第１章で述べたとおり，人間の行動には多種多様な要因が影響しうるので，ある要因を特定してその効果を検証するためには，その他の要因となり得るもの（剰余変数）がもたらす影響を統制する必要がある。日常的空間で実験(「現場実験」「フィールド実験」などと呼ばれる）を行うことは不可能ではないが，なるべく厳密な統制のために，実験を行うことだけを目的とする非日常的空間として実験室を設置することが多い。

実験では，対象者を２つ以上のグループ（群）にわけてデータを収集することが多い。その際，特に理由がなければ，ある対象者をどのグループに割り当てるかはランダム（無作為）とする。実験者の側で条件を設定して，それが実現できる状況を作り出すことを操作（manipulation）あるいは処置（treatment）といい，これを施すグループを実験群（あるいは処置群）と呼ぶ。実験操作を施さないグループも必要で，これを統制群（あるいは対照群）と呼ぶ。統制群を設定しなければ「操作を施す」ことそのものがもつ効果を検証できない。操作にはいくつかの水準があり得るし，効果を検証する要因は１つとは限らない。どのような要因をどのように組み合わせるかが実験の成否を決めるし，事後の分析方法もその計画に応じて決まる。効果的かつ無理のない実験環境を人為的に作り出すのはそう簡単ではない。本格的なデータ収集までに何度も予備実験を繰り返すこともよくあり，そうした試行錯誤こそが，研究テーマへの理解を一層深めることにつながる。

実験は，明解かつシンプルな因果関係が想定でき，状況の影響を受けにくい行動を測定するのに向いている。実験の利点は，要因の操作（とその程度）とその結果としての対象者の行動との因果関係について，剰余変数を統制した環境において，明確なデータが収集できることにつきる。しかし，どんな要因でも実験室環境なら操作できるというわけではない。例えば流行やうわさのような社会的要因は人間の行動に大きな影響を与えるが，実験室では操作できない。対象者に強いストレスを与えたり反社会的だったりする操作も倫理的に許されないことがほとんどである。さらに，実験室は非日常的空間なので，そのこと自体が結果を歪めるという懸念は捨てられない。慣れない環境に緊張したり，「実験に参加するのだから」と構えたりする人もいるだろう。また実験者の方も「実験を実施するぞ」という構えと無縁ではない。

（2）調査法

調査は，対象者に言葉を用いて問いかけることで回答を得る研究法である。通常，ある程度まとまった数の質問項目を用意して，選択式など比較的簡便な方法を用いて多くの対象者から回答を求めることが多い。対面や電話によるインタビュー調査もあるが，心理学研究でよく用いられるのは紙筆やインターネットのWebを用いたものである。問いかける質問項目をまとめたものを調査票（Questionnaire）あるいは質問紙という。

調査では，図２－１のように，複数の質問項目群を協力者に示して回答を求めることがよくある。こうした項目群を，得点化のルールを含めて心理尺度という。例えば図２－１は，個人の性格の５つの側面（Big Five）を測定するTIPI-Jという心理尺度（小塩・阿部・カトローニ，2012）で，各側面２項目ずつの合計10項目それぞれに「全く違うと思う」から「強くそう思う」の７つの選択肢が用意されており，各々に１から７の数字が対応している。このうちいずれかの数字を選択してカッコ内に記入してもらう形式で評定を求める。そして，○のついた数字の合計や平均を性格の各側面の傾向を示す得点だと考える。心理尺度の扱い方については第３章の解説も参考にされたい。

○１から10までのことばがあなた自身にどのくらい当てはまるかについて，下の枠内の１から７までの数字のうちもっとも適切なものを括弧内に入れてください。文章全体を総合的に見て，自分にどれだけ当てはまるかを評価してください。

全く違うと思う	おおよそ違うと思う	少し違うと思う	どちらでもない	少しそう思う	まあまあそう思う	強くそう思う
1	2	3	4	5	6	7

私は自分自身のことを……

1.　（　　　　　　）活発で，外向的だと思う

2.　（　　　　　　）他人に不満をもち，もめごとを起こしやすいと思う

3.　（　　　　　　）しっかりしていて，自分に厳しいと思う

4.　（　　　　　　）心配性で，うろたえやすいと思う

5.　（　　　　　　）新しいことが好きで，変わった考えをもつと思う

6.　（　　　　　　）ひかえめで，おとなしいと思う

7.　（　　　　　　）人に気をつかう，やさしい人間だと思う

8.　（　　　　　　）だらしなく，うっかりしていると思う

9.　（　　　　　　）冷静で，気分が安定していると思う

10.　（　　　　　　）発想力に欠けた，平凡な人間だと思う

図２－１　個人の性格を測定する心理尺度TIPI-J
（出典：小塩・阿部・カトローニ（2012））

調査は手軽で簡単に実施できるというイメージがあるかもしれないが，適切なデータを収集するために適切な手続きを踏む（回答者に「踏ませる」）のはそう簡単ではない。むしろ難しいかもしれない。なぜなら，調査によるデータの収集は，実験とは異なり調査者が回答環境を操作することができないし，収集できるデータはあらかじめ調査者が用意した問いかけに対する回答者による回答のみであり，それ以下ではないがそ

れ以上の膨大さも仔細さももたないからである。

調査は，回答に抵抗の少ない心的傾向について，多数のデータを得て一般的な特徴を推定するのに向いている。調査の利点は，実験では実施できないようなテーマを「言葉を用いて問いかける」ことが可能なことである。例えば，犯罪被害に直面したときに人間がどう振る舞うかを知りたいとする。しかしそれを擬した状況を設定して「実験」をすることは倫理的に許されない。こうした場合でも，それを想像させるような教示文を与えることで，そのような場面でどのように行動する「と思う」かを尋ねることはできる。また，調査では一律の調査票を一度に多数の対象者に配布し，協力を求められることから，相互に比較可能な多数の数量的データを短時間のうちに得ることが容易である。Web上に調査票を構築し，対象者がパソコンやスマートフォンからそれにアクセスして回答するオンライン調査も盛んに行われている。

ただし，調査では言葉を用いた問いかけが必要不可欠なので，対象者が一定の言語理解・運用能力を有することが実施の条件となる。新生児や乳幼児を対象としたデータ収集はきわめて困難だし，異文化圏の人々を対象とすることも相当に難しい。後者については，調査票を多言語化することによって対応は不可能ではないが，適切な翻訳ができずに言語間で内容的な差異が生じてしまったり，測定対象そのものに文化的な差異があったりといった剰余変数の影響に細心の注意を払う必要がある。

（3）観察法

観察は，実験のように統制された環境ではなく，より自然な状況下で対象（人間や動物）を見て，その心の働きを観察する方法である。観察者が対象者の置かれる環境を操作することがない点では調査と似ているが，観察者が対象者に何かを積極的に問いかけることはしない。

観察は，観察者が対象者の外面に注目してその見た目を記録する方法である。つまり対象者について「見えるもの」すべてがその手がかりとなりうる。逆に言うと「見えるもの」しか手がかりにすることができない。「見えるもの」とは，大まかに言えば対象者の行動であるが，仔細に言えば動作，発言，表情，あるいは服装などもその範疇に入る。

観察によるデータ収集では，「見えるもの」を最終的には文字や数値などで表現し，記録することになる。しかし，あらゆるものを記録するのは不可能なので，何をどのように記録するかは，研究テーマに応じて決める必要がある。着手前に決めておくべきポイントはいくつかある。場の設定（場に一切の人為的操作を加えない自然観察法か，ある程度状況を限定することで対象とする行動を出現しやすくさせる実験的観察法か），観察者が場に関わる程度（観察者が場に入り込んで記録する参与観察法か，観察していることを対象者に意識させない非参与観察法か），記録方法（その場で生じているすべての行動を時間的流れに沿って克明に記録していく逸話記録法か，あらかじめ記録対象とする行動をリストアップしておいて生起頻度や持続時間を記録する行動目録法か），記録する単位（時間か，事象か，場面か，それとも日単位で日誌をつけるか）などである。

観察は，日常場面での実際の振る舞いが心的傾向にそのまま反映されやすいテーマを検討するのに向いている。観察の利点は，現実に密着したデータを収集できることである。実験は要因の操作と統制に力を注ぐことと引き替えに，時として現実から乖離した環境を作り出してしまいがちだし，調査はあくまで対象者の主観的認知を問うものなので，たとえ行動について問うたとしても実際の振る舞いと同一ではない可能性は否定できない。つまり，観察データは生態学的妥当性（ecological validity; 研究知見を現実世界に適用できる程度）が比較的高い。また，調査とは違って，対象者が一定の言語理解・運用能力を有することが実施の条件とならない。例えば新生児や乳幼児に調査への回答を求めることは不可能あるいは困難である。こうした対象者には実験室実験を実施するのも難しいが，観察であれば比較的容易に対象にしうる。

一方で，観察は，記録するのに多大な手間がかかったり，科学的分析に付すための整理作業が膨大に必要だったりするので時間的なコストが高い。とはいえ現在では，さまざまな機器やソフトウェア，あるいは統計手法の発展が，データ収集を容易にしている。例えばスマートフォンを利用すれば，対象者にさほど意識されずに観察場面を録画・録音することが可能だし，GPS（全地球無線測位システム）を介して対象者の位置や移動の情報を取得するのも容易になった。測定できるデータの多彩さや緻密さが増すのに応じて，分析方法のバリエーションも広がっている。

（４）面接法

面接は，面接者（インタビュアー）が対象者と対面して，両者の会話を通してデータを収集する手法である。心理学で行われる面接の主な目的は，対象者の感情や価値観，動機など，内面的な心の理解である。こうした点の深い理解を目的とする心理学の領域は臨床心理学が代表的だが，性的少数者などのマイノリティに注目する社会心理学研究など，対象者の数を確保するのが困難であったり，他の研究法ではその特徴を捉えにくいような研究テーマでも，面接を用いてデータを収集することがある。

面接の手法は，対象者にどのような質問をどのように行っていくのかによって３つ―構造化面接，非構造化面接，半構造化面接―に分類できる。ここでいう構造化とは，面接を進めていく手続きが定められている程度を指す。構造化面接は，あらかじめ質問の順序や項目内容，言葉遣いなどを決めて，全対象者に同じ内容を同じように質問する。調査への回答を口頭で求めるようなものだと考えればよい。調査票を対象者に配布し，回答済みのものを事後に回収する場合とは違い，実施中に対象者の理解度や反応を確認できる。非構造化面接は，厳密な質問項目や手続きは設けず，会話の糸口となる質問項目をいくつか準備するだけで，あとは対象者の自由な語りに任せる手法である。半構造化面接は，構造化面接と非構造化面接の両面をもつ。大まかな質問項目はあらかじめ用意するが，順序や言葉遣いなどはその場の流れに応じて柔軟に変更する。つまり，収集すべきデータの大枠は決めておくが，より適切なデータを得るためにオンデマンドで調整がなされる手法である。構造化の程度の低い手法を採用すると，充分な数の適切なデータを得るためにより長い時間が必要となり，面接者には相応の力量が必要となる。

面接を実施する目的や動機という観点から，臨床的面接と調査的面接に分類することもできる。臨床的面接は，対象者の治療を目的とした面接である。つまり，面接の動機は，問題や悩みをかかえた対象者やその関係者にあり，彼らの要求に応じる形でなされる。臨床的面接において，面接者は治療者でもある。対象者への共感（empathy）をもってなされることが重要で，良いラポール（rapport：親和的関係）の成立が必要である。臨床的面接では，問題や症状（悩み）の聴取や査定（評価・判断・計画），さらに査定に基づく以降の治療も，面接を通して行われる。こうした特徴をもつことから，臨床的面接の質は，面接者自身の人格，態度，共感的な理解力によって大きく影響されることになる。

調査的面接は，面接者による資料収集を目的とした面接である。つまり，面接の動機は面接者にある。一般市民を対象とした訪問による社会調査などの場合によく用いられる。調査的面接では客観性が重んじられる。回答を求める質問項目は，妥当性や信頼性の検討が十分に行われたものであることが求められ，面接者の先入観や偏見，結果への期待効果などが影響しないような工夫と熟練が必要となる。

面接は，対象者の個別性に注目し，それぞれの心の内面を丁寧に深く探ることが必要な場合に用いるのがよい。面接の利点は，手法や目的・動機の違いこそあれ，対象者から直接「語り」を引き出すことができるところにある。対象者数は少なくてもかまわないので，時間をかけて丁寧に，より深いところまで探ることを重視したい場合に活かされる。逆に，研究テーマについて，多数の対象者から短時間で情報を得て，それらの全体的な特徴を知ることで幅広い視点から心を捉えることを重視する場合には向かない。

臨床的面接では非構造化面接が用いられることが多いが，研究者の意図する方向に対象者を引きずる誘導尋問をしてしまったり，多くの情報を得たいあまりに対象者に心理的圧力をかけてしまう，といった倫理的問題が起こりがちなので注意が必要である。臨床的面接では，語られる内容も，あるいはそれに対する治療も，対象者の人生にとって大きな問題であるがゆえに，トラブルはより深刻なものになる可能性がある。面接者はこうした点をよく自覚して臨む必要がある。

（5）検査法

検査は，標準化（standardization）された材料と手続きによって，知能，能力，興味，パーソナリティなど個人のさまざまな心理的属性を測定する方法である。一連の刺激を一定の手順に従って対象者に提示して，その刺激に対する被験者の反応を観察・測定することによって行われる。測定する内容に応じて，知能検査，パーソナリティ検査，発達検査などがあり，総称して心理検査と呼ぶ。

心理検査の目的は，心理的属性を測定することで，何らかの判断や意思決定を行うことである。心理検査は多様な場面で活用されている。例えば心療内科や精神科で行うパーソナリティ検査は，臨床診断や治療方針の決定の際に重要な情報となる。入社試験ではしばしば能力検査が行われ，志望者のスクリーニングに活用される。進路相談や就職相談などで行われる興味検査は，キャリアに関するアドバイスに活かされる。

検査において，刺激を提示したり，反応を観察し，データ化する手順は標準化されている。標準化とは，実施から採点，フィードバックという全てのプロセスを誰もが同じ一定のルールに基づいて行うことができるように検査を作成する手続きのことである。標準化された心理検査は，表２－１のような要件を備えていることが求められる。標準化の際は，まず，測定対象とする概念を明確にし，それを測定するのにふさわしい刺激をなるべく多く収集して，予備調査を繰り返してその中からより適切なものを選定する。ここまでは調査で用いる心理尺度の作成でも行われるが，検査ではさらに，誰でも少しの訓練さえすれば実施できるように，得点化の方法や結果を解釈する際の判断基準なども含む詳細なマニュアルが作成されることが多い。なぜなら，実施者が教員や人事担当者など，心理学の専門家ではない場合もよくあるからである。

表２－１　標準化された心理検査の要件

(1) 十分な数の偏りのないデータに裏打ちされたものであること
(2) 実施が容易であること
(3) 結果が簡便な方法で求められること
(4) 項目内容やその統計情報（得点分布・妥当性や信頼性など）が公開されていること
(5) 判断基準が明確であること

心理検査は，刺激の提示と反応の観察をどのようなスタイルで行うかによって課題遂行タイプと自己報告タイプの２つに大別できる。課題遂行タイプは，知能検査や学力検査のように，あらかじめ選定された課題を対象者に与えて，その遂行に成功したか失敗したかを測定するものである。一方，自己報告タイプは，感情，信念，価値，意見，心理状態などを対象者に直接尋ねる方法である。パーソナリティ検査や興味検査はそのほとんどがこの方法で行われる。前述した標準化の手続きを経て選定された質問項目や刺激図版などを対象者に提示し，対象者の反応（選択肢を選ぶ，口頭や筆記で回答を述べるなど）を観察・記録することによって測定する。

このように，検査はその刺激や手続きが厳密な標準化を経ているがゆえに，標準値と照合することでその個人の特徴を把握することができる。そして詳細なマニュアルが準備されていることにより，実施が容易で専門的スキルをほとんど必要としないのは大きな利点である。ただし，そうであるだけに，どのような対象にどのような心理的属性を測定したいのかを明確にし，適切な検査を選択することの重要性が高い。

（6）介入研究法

介入研究は，ここまでに概説してきた５つの研究法とは趣を異にしており，対象者の支援に寄与する実践となりうることを重視して，心理社会的介入の有効性を検証する研究の総称である。介入方法や具体的内容は，観察や面接，あるいは調査などを通じて得られた基礎的な研究知見に基づいて計画される。以下では，介入研究で多用される研究デザインのうち主要な２つを紹介する。

介入の効果を検証する際，いきなり多数を対象にすることはあまりない。特定の事例を対象として介入の前後を比較し，介入の効果を検証する方法を一事例研究法，あるいは一事例実験（シングルケース）デザインという。一般的には，臨床心理学的な介入を行わないベースライン期と介入を行う介入期とで反復測定が行われる。一般的な実験法に当てはめれば，ベースライン期は統制条件，介入期は実験条件にあたり，従属変数の参加者内比較を行うデザインである。もっとも単純なデザインはベースライン期と介入期のデータを比較するもので，前者をA，後者をBとして，AB法とも呼ばれる。また，一事例と称するが，対象者数は１人とは限らず，学級を対象とした介入研究も一事例研究法にあたる。例えば小学校の１クラスを対象として，まずベースライン期には，担任教師は発言内容に関わらず児童を褒め，このときの児童らの発言を記録する。そして介入期には，担任教師は積極的な発言をした児童のみを褒める。これにより，児童らの発言がどう変化するかを検討する場合も一事例研究法という。

しかし，AB法では因果関係を検証できない。なぜなら，たとえAとBで児童の行動に変化が認められたとしても，介入（教師が褒める対象を限定した）以外の他の要因（外部要因）によるものだという可能性は否定できないからである。

こうしたAB法の欠点を補う方法の１つが反転法（ABA法）である。介入期に導入した手続きを中止して，ベースライン期と同じ条件に戻す時期を加える。ここで，行動もベースライン期と同じレベルに戻れば，最初の行動の変化は外部要因によるものではなく，介入の効果である可能性が高くなる。これを条件の反転という。条件の反転を繰り返せばそれだけ因果関係を強力に示すことになるので，再び介入手続きを導入し，反転させるABAB法が使われることもある。

反転法はシンプルで分かりやすいが限界もある。例えば，スポーツ競技のコーチングなど，スキルを習得させるような介入では一旦手続きを中止しても行動が元に戻らないことがある。あるいは，自傷行為を減らす介入など，手続きを中止して行動を元に戻すことが倫理的に許されない場合もある。

介入研究がよく用いられる分野は臨床心理学である。臨床心理学は，心理学の中でも実践に特化した「実学」としての側面を強くもつがゆえに，現場で役に立つ研究知見を求めている。介入の有効性をデータで実証することが強く求められる一方で，その効果は実験法における操作によるもののように一時的，一過的なものではなく，対象者の社会生活に密接に関わるものである。こうした点が，伝統的な心理学の手法と一定の共通性を保ちつつ，介入研究法独自のアプローチを発展させる素地となっている一方で，介入効果の検証のためにデータを収集できる対象はごく小数にならざるを得ないことが多い。得られた知見の一般性，つまりその介入が広く効果的なものだと言えるかどうかは，慎重に検討する必要がある。

2．適切な研究法の選択のために

本章で概説し，以降の章で詳説するいずれの研究法も，究極の目的は「心の働き」の法則性を科学的に探究し，それを解明することにある。しかし，研究テーマがどのような心の働きにアプローチするものか，どのようなアプローチ手法をとるか，あるいは最終的な成果物として何を目指しているかはそれぞれ異なる。研究計画を立てる上で，どの研究法がより適切かを検討することは重要である。また，１つの研究で複数の研究法を併用することもよくある。互いの利点を活かし，限界を補い合うことが期待できるからである。適切な選択のためには，それぞれの基本的コンセプトと特徴，特に利点と限界をよく知る必要がある。

演習問題

1. パーソナルスペース（他人に近づかれると不快に感じる空間）に関する心理学研究を実験と調査の２つのアプローチで考えてみよう。
2. どの研究法を用いるにせよ，心理学の研究者がよく知り，また常に意識するべきことは何だろうか。

解答のポイント

1. 実験であれば，実験室内に着座した参加者に協力者が徐々に接近し，不快に感じるところでストップをかけさせることで，物理的な距離を測定できる。状況による違いに関心があれば，両者の関係や性別の組み合わせ，角度などの要因を操作して，その影響を検討できる。調査であれば，多様な他者との近接状況を想定させて，質問項目への回答によってその際に抱く不快感を測定できる。個人差に関心があれば，心理尺度を用いてパーソナリティなどを同時に測定すれば関連を検討できる。
2. 「心の働き」という目に見えないものを正確に描き出すことはそもそも困難なことであると自覚して，時と場合に応じてより適切な方法を柔軟に採用できるだけの幅広い知識と度量を持ち，知識は常に更新するよう心がける必要がある。

引用文献

● 小塩真司・阿部晋吾・カトローニ ピノ（2012）. 日本語版 Ten Item Personality Inventory（TIPI-J）作成の試み パーソナリティ研究, 21, 40-52.

参考図書

- 佐藤暢哉・小川洋和『なるほど！心理学実験法』（北大路書房，2017年）
- 大竹恵子（編）『なるほど！心理学調査法』（北大路書房，2017年）
- 佐藤寛『なるほど！心理学観察法』（北大路書房，2018年）
- 米山直樹・佐藤寛（編）『なるほど！心理学面接法』（北大路書房，2019年）
- 石川信一・佐藤正二（編著）『臨床児童心理学』（ミネルヴァ書房，2015年）

3 心理統計法
──記述統計と推測統計

三浦麻子

≪目標・ポイント≫ 「心」のように実体をもたない概念は，数量として扱うからこそ，概念間の関係をシンプルかつ的確に表現することが可能になる。本章では，心理統計の基礎的な考え方を説明した上で，心理学で測定するデータの特徴を説明する。そして，得られたデータそのものの特徴を知るための統計手法である記述統計と，記述統計を手がかりとしてその背後にある対象全体について推論する推測統計の基礎について概説する。
≪キーワード≫ 尺度，記述統計，推測統計，統計的仮説検定，ベイズ統計

1．心理統計法とは何か

（1）心理学研究とデータ

心理学は，その創始期から数量的方法を採用して，自然科学にならって客観性と厳密性の確保に力を尽くしてきた。誰も見ることができない「心」にまつわる諸概念を数量として扱うことに対する批判もあるが，正しく有効な方法で測定することで，概念間の関係をシンプルかつ的確に表現することを試みている。ある概念をどう数量的に表現し，どう分析すべきか。こうした「心理統計法」を学ぶことは，単に技術だけではなく，研究対象を眺める新たな視点（考え方）を得ることにつながる。

第2章で概説したとおり，心理学研究には多様な方法があるが，いずれにせよ何らかのデータを収集する。データとは，ある研究テーマや仮説について調べる際に，ある設定に基づいて，特定の変数に注目して，

組織的に集められた，テーマに関わる情報のことである。確たる目的をもたずにただ単に集められた数字や文字は，情報ではあるがデータとはいえない。心理学では，計算可能な数値で示される定量的データがよく用いられる。定量的データは，数値で表せない定性的なデータと比較していくつかの重要な利点をもつ。まず，定量的データはより客観的かつ正確に現実を表現できる。定量的に表現すると「彼の体重は62.5kg で，標準体重60.0kgより2.5kg重い」となる体の重さを，定性的に表現すると「彼は少し太り気味である」となる。後者は体がどの程度重いのかが前者ほど明確でない。言及者による主観的判断も入り込んでいるかもしれない。ある変数を測定する際に用いる尺度とその単位を定めることで，「標準体重」のような一定の基準を設けることができ，それとのズレに基づいて複数の値を比較できるのも定量的データの利点である。

（2）尺度

データを測定する際に必要となる「ものさし」を尺度という。尺度が適切に定められていれば，どこでいつ測定してもほとんど同様の数値が得られる再現性が確保できるし，多くのデータを収集してそれら全体の特徴や傾向を知る統計量を求めることも可能になる。尺度には測定の精密さによって，比率尺度，間隔尺度，順序尺度，名義尺度の４つの尺度水準があり，それによって可能な統計処理も異なる。先ほどの分類で言えば，比率尺度と間隔尺度で測定されるのが定量的データ，順序尺度と名義尺度で測定されるのが定性的データにあたる。

重さや時間のように０が「何もない」ことを示す尺度が比率尺度（ratio scale）である。この場合の０のような絶対的原点をもつ尺度で測定されたデータは，差分だけでなく倍数表現でも関係を記述できる。例えば実験刺激が見えたらすぐにボタンを押すように求める課題の反応時間が

750msecであれば，500msecより250msec遅いとも，1.5倍遅いとも表現できる。つまり値同士の関係を記述する際にすべての四則演算ができる。

0があっても，それが「何もない」ことを示すわけではない尺度が間隔尺度（interval scale）である。例えば気温が摂氏0度になることはよくあるが，これは「温度が何もない」状況ではない。一方，目盛りは等間隔で，0度と10度の差と20度と30度の差は同じだけの熱量10度であるから，値同士の足し算や引き算はできる。つまり20度は10度より10度高いとは表現できるが，2倍高いとは表現できない。

対象間の大小関係のみを表現する尺度が順序尺度（ordinal scale）である。例えば成績の良さを1位，2位，3位…という順位で表現することがよくあるが，1位と2位の差が2位と3位の差と同じとは限らない。1位だけがずば抜けてよくできて，それ以下はドングリの背比べ，といった場合もある。つまり，成績の良さは等間隔ではない。したがって順序尺度で測定された値同士の四則演算はできない。

対象をいくつかのカテゴリーに分類することを目的とした尺度のことを名義尺度（nominal scale）という。例えば「一番得意な科目」を「1．英語，2．国語，3．数学」から選択させる場合，各科目と数値との対応は特段の意味をもたず，「1．数学，2．英語，3．国語」でも差し支えはない。カテゴリー間に順序性も等間隔性もない。したがってある値をとるカテゴリーに含まれるデータの数（度数）を数えることはできるが，値同士の四則演算に意味はない。

（3）「心理尺度」の尺度水準

心理学研究における測定対象には，刺激に対する反応時間のように物理単位が適用できるものがある一方で，実体をもたない概念，例えば心理尺度を用いて「性格」を測定し，その傾向の強弱を議論することもよくある。心理尺度を用いた測定では，ある質問項目について数段階の数値が付された選択肢を提示し，自分が当てはまる程度としてそのうち任意の１つを選択させることが多い。では，こうした心理尺度の尺度水準は上記４つのうちどれに当てはまるだろうか。ここでは，第２章図２-１（26ページ）のTIPI-Jを例にとって考えてみよう。まず，数値が大きいほど質問項目に自分が当てはまると思う程度が強いことを示しており，順序性はある。つまり，名義尺度ではない。一方，そもそも０が設定されておらず，比率尺度ではない。では順序尺度か間隔尺度か，つまり等間隔性の値かどうかと問われれば，普通に考えれば「違う」，つまり順序尺度だと答えることになるだろう。「全く」「おおよそ」「まあまあ」「少し」「強く」といった程度を示す副詞の解釈には個人差があるだろうし，対象や場面によって異なる可能性もあるからだ。このように考えると，前述の「彼は少し太り気味である」と同様に，心理尺度で測定されるのは定性的データだということになる。

しかし，そうなるとデータを数値で表せないのだから，平均を求める（値同士を足し算してデータの個数で割る）ことすらできず，せっかく収集したデータの全体的特徴を表現することに不自由を来す。そこで心理学研究では，この種の心理尺度を便宜的に間隔尺度として扱うことが多い。等間隔だという保証はないが，等間隔でないという証拠もないので，「等間隔に近いだろう」と見なすというわけだ。この点については長年にわたり多くの議論があり，専門家の見解もさまざまだが，多くの研究で，定量的データとみなすことにほとんど問題がないという知見が示されてもいる。本書も，心理尺度により測定されたデータを間隔尺度で測定された定量的なものだと見なす立場をとる。

2．記述統計

データ収集が終了したら，まずはそれらの特徴を詳細に検討する。こうした統計分析を記述統計という。そのための具体的な作業として，１つの変数の特徴を知ることと，２つの変数の関連を知ることについて解説する。

（1） 1変数の特徴を知る

ある変数のデータ全体の特徴を端的に知るためには，度数分布，つまりどういう値のデータが何個得られたのかという分布の様子を図や表にまとめるのがよい。度数分布をグラフで表現すると，データの散らばり具合や偏り，歪みがよく見て取れる。例えば年齢ごと（５歳刻み）の人口を男女別に表したグラフ（人口ピラミッド）を示した図３－１を見てみよう。こうしたグラフをヒストグラムという。一見すれば，50年間で年齢層の偏りが大きく変化し，高齢化が進んでいることが分かる。

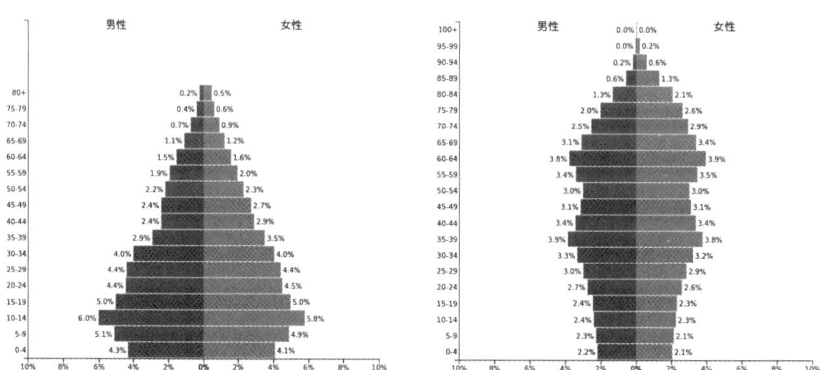

図３－１　日本の人口ピラミッド（左：1960年，右：2010年）

https://www.populationpyramid.net/japan/ から取得（2019.2.8）

次に，得られた値を用いて計算する統計量によってデータの特徴を表現することを考える。データ全体を代表し，その特徴を表現する統計量を代表値といい，平均値，中央値，最頻値がよく用いられる。間隔尺度と比率尺度で測定されたデータの代表値としてもっともよく用いられるのは平均値で，データのすべての値を足し加えて，データの個数で割ったものである。平均値にはすべての値の情報が反映されている。しかしそのため，データに他とかけ離れた極端な値（外れ値）が含まれていると，その影響を強く受ける。また，順序尺度や名義尺度では求めることができない。中央値（メディアン）は，データを大きさの順に並べ替えたときに，ちょうど真ん中に来る値である。データの数が偶数であれば，真ん中の２つを平均する。中央値はすべての値の情報を含むわけではないので，外れ値の影響は受けにくい。順序尺度でも求められる。しかし，単に「真ん中」の値なので，それ以外のデータの値がどのように散らばっているかは分からない。最頻値（モード）は，もっとも度数の多い値である。当てはまる値が複数ある場合は，それらすべてが該当する。最頻値もすべての情報を含むわけではないので，外れ値の影響は受けにくいし，度数のみに依拠した統計量なので，すべての尺度で求められる。しかし，特定の値，例えば分布の端の方に度数が偏っていると，データ全体をうまく代表できないこともある。

代表値だけでは知り得ないのがデータの散らばり具合（散布度）である。例えば99, 100, 100, 101という４つの値からなるデータと，０, 100, 100, 200という４つの値からなるデータを例にとって考えてみよう。両者の平均値と中央値と最頻値はいずれも100だが，データの散らばり具合は全く異なる。間隔尺度や比率尺度で測定されたデータの散布度の統計量としては，平均値を基準として指標化する分散や標準偏差（英語Standard Deviationの頭文字をとってSDと表記することも多い）がよく用いられる。これらの統計量の元になるのは個々のデータの平均からのずれ（偏差）である。分散は偏差を２乗したデータの平均値（前出例なら0.5と5000）で，分散の平方根をとったものが標準偏差（前出例なら0.71と70.71）である。両者の値を比較すれば，散らばり具合が大いに異なることを実感できるだろう。心理尺度で測定されたデータの特徴を記述する際は，平均値と標準偏差を報告する場合が多い。

（２）標準化

100点満点の国語と数学の学力テストを受けて，いずれも60点だったという状況を想像してほしい。あなたはどう解釈するだろうか。同じ得点だからといって同程度の出来だと判断するだろうか。おそらくそうは考えないだろう。同じテストを受験した人々はみな似たような点だったのか，人により出来不出来の差が大きいのか。また，それは科目によって違うのか。つまり，国語と数学それぞれの受験者全体の得点データの特徴が分からないと判断できない，と思うのではないだろうか。つまり，テストの出来を査定するためには，自分の得点が何点かという絶対的情報だけではなく，受験者全体の得点分布の中の自分の得点の位置という相対的情報が分からなければ，学力を査定することは難しい。こうした査定に役立つのが，データの標準化である。

第２章「検査法」で心理検査の標準化について紹介したが，統計学における標準化は，変数の尺度を変換する，つまり，平均値や標準偏差が特定の値になるように調整することを指す。もっとも典型的な標準化は，データ全体の平均値を０，標準偏差を１とするもので，あるデータの値からデータ全体の平均値を引き（つまり偏差を求め），その値を標準偏差の値で割る手続きで行われる。標準化を経た値を標準得点という。言い換えると，こうした手続きで得られたあるデータの標準得点は，そのデータの平均値からのずれを，標準偏差の大きさを１単位として測定した統計量である。もとの値が平均値と等しければ，標準得点は０である。標準得点が負であればもとの値は平均値より小さく，正であれば大きい。例えば，国語は平均値70で標準偏差10，数学は平均値50で標準偏差５だとしたら，冒頭例（60点）の標準得点は国語では－1.0（(60－70)÷10)，数学では2.0（(60－50)÷5）となる。この標準得点を，平均が50，標準偏差が10になるよう調整した（標準得点を10倍して50を足した）ものがいわゆる「偏差値」で，国語は40，数学は70である。ここまで来れば誰しも「国語はあまり出来が良くなく，数学はかなり良かった」という判断に至るだろう。

（3）２変数の関連を知る

第１章で述べたとおり，心理学研究では，ある同じ対象について測定された１つの変数のデータ全体の特徴を知るだけではなく，性格と行動にはどのような関わりがあるのか，刺激はどのような反応を生み出すのかなど，２つ（以上）の変数の関係，つまり相関や因果を読み解くことが必要とされる場合が多い。２つの変数の相関を数量的に表す統計量に相関係数（correlation coefficient）がある。また，相関を視覚的に表現したのが散布図（scatter gram）で，２つの変数の値を２次元平面上にプロットしたものである（図３－２参照）。散布図は，２変数の相関の方向（正負）と強さを直観的に把握する際に有用である。正の相関なら右上がり，負の相関なら右下がりになり，相関が強いほどぎゅっとまとまった形になる。

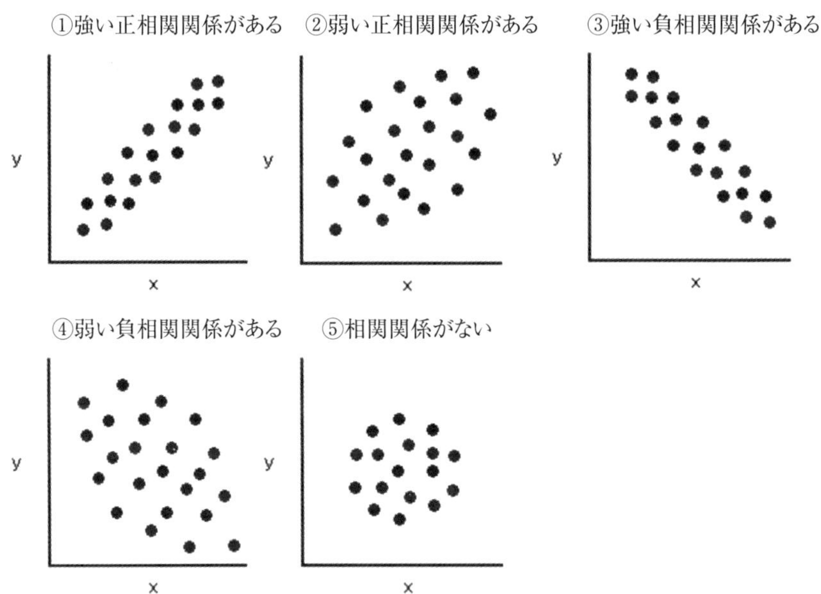

図３－２　散布図によって相関関係やその強さを把握する
（出典：三浦（2017））

相関係数にはいくつかの種類があるが，ここではもっともよく用いられるピアソンの積率相関係数（以下，単に相関係数と表記する）について説明する。相関係数は，２変数それぞれの標準得点の積を求めて全データ分を足し合わせ，データ数で割ることによって求める。－１から＋１までの値をとり，０は無相関である。前述のとおり，標準得点は，全データの平均を下回る値で負，上回る値で正になる統計量である。つまり，ある参加者について測定した２変数の値が両方とも平均を上回って（下回って）いれば，両者の標準得点の積は正の，平均との関係が互いに異なれば負の値になる。これらを足し合わせて平均したものが相関係数なのだから，前者が多いことが正の，後者が多いことが負の相関に対応することが理解できるだろう。

相関係数は２変数の関係を把握しやすい統計量である。ただ，そうであるだけに，解釈には慎重になるべき場合もある。例えば，第１章で詳しく述べたとおり，２変数の相関が強いからといって，必ずしも両者の間に因果関係があるとは限らない。また，当該の２変数には関連がなくても，剰余変数の影響によって見かけ上非常に大きな相関係数が得られる場合（擬似相関）もある。さらに，入試の得点と入学後の成績のように，何らかの事情（この例であれば，入学後の成績のデータは入試に合格し，入学した者の分しか存在しないこと）で片方のデータが部分的にしか得られないことが値に影響する場合（選抜効果）などもある。

3. 推測統計

（1）母集団と標本（サンプル）

心の働きの法則性をデータに基づいて実証する，と言っても，対象となりうるすべての人からデータを収集するわけにはいかない場合がほとんどである。その数は時と場合に応じるにせよ，扱うことができる範囲は限られている。言い換えれば，われわれが収集することができたデータを手がかりに解明しようとしているのは，手元にあるデータに対してだけではなく，その背後にあるさらに大きな対象に当てはめることができる，より一般的な事実である。そうなると，記述統計で収集したデータの特徴を知るだけでは，当初の目的をすべて果たしたことにはならない。

こうした文脈で，関心のある対象全体のことを母集団（population）といい，そのうち，われわれが扱うことができた範囲のことを標本（サンプル; sample）という。標本の中だけで完結する記述統計に対して，それを手がかりにして，その背後にある母集団に関する推測を試みるのが推測統計である。標本は母集団のほんの一部に過ぎないが，確実にそれに関する情報をもっている。推測統計はそれを活用して母集団の姿を推論し，入手できたデータから得られた知見を一般化する手続きである。

例えば，高校生の数学的能力と語学的能力の関係を検討するために，ある全国的な学力テストの受験者を対象として，数学の得点と国語の得点の相関係数を求めたとしよう。この時，母集団は日本の高校生全体で，標本は学力テストの受験者である。このように，本来の関心が母集団の特徴を表す統計量にあったとしても，われわれが手に入れることができるのは，その母集団から取り出された標本に関するデータであり，そこから求めることができるのはあくまでも標本の特徴を表す統計量である。これを標本統計量という。母集団における数学的能力と語学的能力の相関関係は未知だが必ずひとつに決まっている「はず」なのに対して，標本（学力テストの種類や受験者）が異なればそこから得られるデータは異なる可能性がある。つまり，どの学力テストを対象とするかによって相関係数は異なりうる。母集団からどういう標本が選ばれるかによって「偶然」生じる変動の大きさは，数学的な公式によって求めることができ，これを標準誤差（standard error）という。この標準誤差を小さくする，つまり標本における統計量をより「あてになる」ものにするための方法は，標本を大きくとることであることが分かっている。ここでは公式の詳細な説明は省略するが，もし母集団における相関係数が0.50だったとすると，そこから100名の標本を抽出してデータを取ると，相関係数の標準誤差は0.075，同じく1000名なら0.024となる。一般に，標本統計量の値には標準誤差の２倍程度の誤差（母集団がもつはずの値からのずれ）を見込む必要があり，100名の標本であれば0.50 ± 0.075 × 2，つまり0.35から0.65程度の範囲を見込む必要があるが，1000名であれば0.45から0.55程度とかなり狭まる。この範囲を信頼区間という。

（2）統計的仮説検定

標本統計量が標本を抽出するたびごとに変動するとなると，母集団では数学的能力と語学的能力に相関がなくても標本では相関が見られる，またはその逆に，あるはずの相関を見いだせないというケースもありえる。つまり，母集団における変数間の関係を知るためには標本統計量を手がかりにするしかないが，それで常に正しい判断を下せるとは限らない。

これを検証するための簡便な方法が統計的仮説検定（statistical hypothesis test）である。この方法は，20世紀前半に提唱された頻度論（ネイマン－ピアソン理論）に依拠している。以下，引き続き前述の例を用いて統計的仮説検定の基本的な考え方を解説する。具体的な計算式には踏み込まないので，各自で心理統計法のテキストを参照して欲しい。

統計的仮説検定では，学力テスト受験者という標本から得られた相関係数の値が，無相関の母集団からはほとんど得られないような大きなものであるかどうかを確認する。標本における相関係数が，無相関の母集団からどの程度の確率で得られるものであるかを確率モデルに基づいて計算する。その確率が十分に小さければ「母集団においても相関がある」と判断する。「母集団では無相関である」という状況を帰無仮説（null hypothesis）という。「標本における相関係数が無相関の母集団から得られる確率」を有意確率という。この有意確率をあらかじめ定めた「小さい」確率値（有意水準；心理学では0.05（５％）が採用されることが多い）と比較して，有意確率が有意水準よりも小さければ，標本が抽出された母集団は無相関だという帰無仮説を捨てて，「母集団では無相関ではない」といってよいと判断する。帰無仮説と相反する仮説のことを対立仮説（alternative hypothesis）という。つまり，母集団では無相関であるという仮説のもとで，標本における相関係数が見出される確率は非常に低いのだから，そんな仮説はおかしいと判断して，母集団では相関はあるとみなす，という流れである。統計的仮説検定では，相関係数に限らず，標本から求めうるどんな統計量についてもこのロジックを適用する。「本来検討したいのとは反対の状況を帰無仮説として設定し，収集したデータに基づいて有意確率を算出し，それが十分低いことをもって帰無仮説を棄却する」という背理法である。

統計的仮説検定から導かれる判断は100%確実だというわけではない。確率に基づく判断なので，間違った結論を導く可能性が必ずある。もし有意水準を0.05と設定すれば，相関係数の絶対値が実際の研究で得られた相関係数の絶対値を上回る確率が0.049であれば，母集団においても相関があると判断するわけだが，これは母集団において「必ず相関がある」とイコールではなく，その判断が誤っている確率は4.9%ある。このように，統計的仮説検定には２種類の誤りを犯す可能性がある。真である帰無仮説を誤って棄却してしまう誤りを第１種の過誤（Type I error）という。先ほどの例であれば，母集団には相関がないはずなのにあるとしてしまうことにあたる。帰無仮説が偽なのに誤って棄却しない誤りを第２種の過誤（Type II error）という。先ほどの例であれば，母集団には相関があるはずなのにないとしてしまうことにあたる。

（3）ベイズ統計による仮説評価

心理学研究におけるデータに基づく仮説評価では，長年にわたって統計的仮説検定が用いられてきた。ここではもう１つの有力な方法としてベイズ統計による仮説評価について概説する。ベイズ統計の理論は「ベイズの定理」と呼ばれる逆確率計算法を基礎としている。

頻度論に基づく統計とベイズ統計は，母数（母集団における平均や分散など）対する考え方が大きく異なる。前者では，母数を不確定ではあるが何らかの一定の値，つまり定数であると考える。定数というのはつまり確率的な振る舞いをしない数だということであるから，母数についての確率（例えば母相関が０である確率）を考えることはできない。一方で，ベイズ統計においては，分析者にとって未知な量はすべて確率的に変動する変数（確率変数）であると考える。母数も分析者にとって未知の量だから，その確率分布を考える。

こうした考え方の違いは，仮説評価の手続きにも大きな違いをもたらす。ベイズ統計による仮説評価のロジックは，伝統的な統計的仮説検定とは全く異なる。データを入手する前に母数についての情報を確率として考えておき（これを事前情報という），データが入手できたらそれによってこの事前情報を更新して，より確かな（データを得た後の）情報に至るという手続きがとられる。ここでは，研究者が知りたい対象である母数に関する仮説について，データが得られたもとでそれが正しい確率を考えて，それを実際に計算する。どういう事前情報を与えるか，つまり，データを得る前の母数の状態を表す確率分布（これを事前分布という）として何を考えるかによって結果が変わり，またそこに決定的な方法があるわけではない。しかし，事前情報があればそれを組み込んで利用することで，これまでの背理法のロジックに基づく推論とは異なる形で，より豊かな分析が可能になる。事前に母数についての情報が特になければ，無情報事前分布という，情報がない（もしくは少ない）ことを表現する事前分布を利用した分析を行うこともできる。

ベイズ統計に基づく仮説検定では，「否定すべき」帰無仮説を設定する必要がなく，柔軟な推論が可能になる。さらに，より幅広く統計的モデリング（データと仮説に基づいて現象に対する数理モデルを作成すること）一般においてもベイズ統計の考え方は有用である。

頻度論による統計的仮説検定とベイズ統計による仮説評価，どちらの方法を用いるのがふさわしいかは，何を検証するために実施しているのかという研究の方向性や，評価すべき仮説についてどの程度データの蓄積がなされているかによる。文脈に応じて適切な選択をするために，いずれの方法についてもその基盤となる考え方をよく理解することが肝要である。

演習問題

1．代表値として平均値よりも中央値を報告する方がふさわしいのはどのようなケースだろうか。両者の特徴を踏まえて考えてみよう
2．統計的仮説検定において発生する可能性がある２種類の過誤とは何だろうか
3．推測統計における頻度論に基づく統計とベイズ統計の考え方の違いを端的に説明してみよう

解答のポイント

1．平均値はすべての値の情報が含まれるので，外れ値が含まれたデータの場合はそれにひきずられるが，中央値は「大きさの順に並び替えて真ん中に来る値」なので，その危惧はない。例えば年収や友人数などは特異に多い人があり得る。データをとったらまずヒストグラムを描いて，値の分布を確認することを習慣づけよう。
2．第１種の過誤は，帰無仮説が真なのに誤って棄却してしまう誤りで，第２種の過誤は，帰無仮説が偽なのに誤って棄却しない誤りである。
3．母数についての考え方が異なる。頻度論に基づく統計では，母数を不確定ではあるが定数であると考えるので，それについての確率を考えることはできない。ベイズ統計は，分析者にとって未知な量は

すべて確率変数であると考えるので，母数についても確率を考えることができる。

参考図書

- 三浦麻子『なるほど！心理学研究法』（北大路書房，2017年）
- 大久保街亜・岡田謙介『伝えるための心理統計』（勁草書房，2012年）
- 山田剛史・村井潤一郎『よくわかる心理統計』（ミネルヴァ書房，2004年）

4 実験法 1
――実験法の基礎

小川洋和

≪目標・ポイント≫　実験法は心理学で中心的に用いられてきた研究法であるが，実験結果から因果関係を正しく推測するためには，綿密に検討された実験計画の立案が不可欠である。この章では，実験法の基礎について概説する。実験結果に影響を及ぼすさまざまな要因について理解したうえで，適切な実験計画を立案するために必要な実験計画法の知識を身に付けることを目指す。

≪キーワード≫　独立変数，従属変数，剰余変数，交互作用，実験計画法

1．実験法とは何か

（1）独立変数と従属変数

第2章にも述べられたように，実験法は実証的な心理学研究においてこれまでもっともよく用いられてきた研究法である。実験では，リサーチ・クエスチョンに基づいて環境の中のある特定の要因が操作され，それによる行動の変化が観測される。リサーチ・クエスチョンと関係ない環境内の要因を一定に保ち，実験の結果に影響を与えないようにする。これによって，実験の中で生じた行動の変化が実験操作によるものであると結論づけることが可能になり，操作された要因と行動の間の因果関係を論ずることができるようになる。

すべての実験には従属変数（dependent variable）と独立変数（independent variable）が必要である。従属変数は，実験参加者によっ

て変化する，観測された反応のことで，例えば実験刺激が呈示されてから参加者がボタン押しで反応するまでの時間（反応時間）がこれにあたる。独立変数は，実験者によって操作された環境の要因のことで，例えば実験刺激の特性（色や形，大きさなど）がこれに対応する。独立変数は，最低でも２つ以上の値，すなわち水準（level）を持っている。独立変数の水準は質的に異なる場合（性別や実験操作の有無）もあるし，量的に異なる場合（視覚刺激の明るさや音の大きさ）もある。

具体例として，次のような実験を考えてみる。欧米ではオフィスで立って仕事をするためのスタンディングデスクが普及しているらしく，日本でもいくつかの企業が採用しているそうだ。実際に使っている人たちの感想を聞くと，座っているよりも作業に集中できるような気がするとのこと。そこで，スタンディングデスクの効果を実証的に検証してみようと考え，「スタンディングデスクを使って立って作業をした方が，作業効率がよくなる」という仮説を立てたとする。この仮説を検証するためには，スタンディングデスクを使って立ったまま作業を行う「起立条件」と，イスに座って作業する「着座条件」を設定する。この２つの条件では，作業時の姿勢を２水準の独立変数として操作していることになる。

さて，この実験で仮説を検証するためには，なんらかの形で作業効率を測定した上で，それに対する独立変数の影響を検討する必要がある。例えば，参加者に認知的な課題（例えば計算課題）を課し，その成績を作業効率の指標としたとする。この課題の成績（正答率や反応時間）が従属変数として測定されることになる。

実験の目的によっては，複数の従属変数を設定することもある。例えば，動物の学習実験（ラットがバーを押すとエサがでる）では，ラットの行動を反映する指標として，ラットがレバーを押す回数を測定することができるが，それ以外にもレバーを押す力の強さや，レバーを押すまでの時間（反応潜時）を記録して検討してもよい。従属変数を決める際にはその妥当性を十分考慮し，実験で検討しようとしている心的過程や行動を適切に反映する指標を選択することが重要である。

（2）剰余変数

上述したように実験法の最大の利点は，実験操作による独立変数（原因）と従属変数の変化（結果）の関係を検討することで，因果関係を明らかにすることができることにある。しかし，因果関係を正しく推定するためには，実験者が操作する独立変数のみが従属変数を変化させており，それ以外の要因は一定に保たれ実験結果に影響していないという前提が必要となる。すなわち，従属変数との間に因果関係が想定される独立変数以外の変数である剰余変数（extraneous variable）に十分な注意を払わなければならない。実験を成功に導くためには，剰余変数が実験結果に影響しないようにすることが不可欠となる。

剰余変数を取り除く，あるいは剰余変数を一定に保ち独立変数と一緒に変化しないようにすることを「剰余変数の統制」という。例えば先ほどの実験例では，実験環境（実験室の温度や外部からの雑音）や実験を行う時間帯（昼間なのか夜間なのか）は実験結果に影響する可能性があるため，できるだけ一定に保つことが必要となる。また，起立条件と着席条件の間で変化するのは参加者の姿勢のみとし，それ以外の要因は変化しないようにしなければならない。例えば，もし両条件で参加者からディスプレイまでの距離（視距離）が変わってしまっているならば，計算課題の成績が変化したとしても，それが姿勢の変化（独立変数）によるものなのか，視距離（剰余変数）が原因なのかを特定することはできなくなる。このような状況を，独立変数に剰余変数が「交絡」していると表現することもある。独立変数に交絡する変数以外にも，実験室の環境や参加者の個人差など，剰余変数は無数に存在する。それらをすべて実験計画によって完全に統制することは非常に困難ではあるが，そこが実験の成否を左右するポイントであり，実験者の腕の見せ所でもある。

ここでは詳説しないが，剰余変数の統制には統計分析の中で行う方法もある。この方法では，実験の目的と直接関係する従属変数以外の，剰余変数となりうる変数を共変量として測定する。そして，重回帰分析や共分散分析などの多変量解析を用いて，剰余変数の影響を数学的に推定し，一定に統制しながら，独立変数が従属変数に与える影響を検討する。ただし，事前に測定しなかった共変量の影響は検討できないなど，常にこの統制が有効に機能するわけではない。また，測定誤差が大きい場合やサンプルサイズが十分に大きくない場合は正しく推定できない。そのため，統計的な統制を用いる場合でも，実験計画の中で剰余変数の統制をできるだけ確実に行うことが重要である。

（3）交互作用

一般的な心理学実験では，複数の独立変数を設定することが多い。典型的な実験では，１つの実験の中で２～４程度の独立変数が同時に操作される。そしてすべての独立変数の組み合わせについて従属変数が測定され，分析される。複数の独立変数をおくことには，いくつかの利点がある。まず，それぞれの独立変数を別個の実験として行うよりも経済的であり，実験環境に関する剰余変数（実験室の温度や湿度，実験の実施時間帯など）を統制しやすくなる。また，さまざまな状況下における独立変数の効果を示すことによって，実験結果をより一般化することが可能になる。もっとも重要なのは，複数の独立変数を同時に測定することによって，変数間の関係である交互作用（interaction）の検討が可能になることである。

交互作用とは，複数の独立変数が実験的に操作されている状況下で，ある独立変数が従属変数に与える効果が，別の独立変数によって変化することを指す。例えば，スタンディングデスクの実験を例に考えてみよう。それぞれの人がもともと持っている一般的な認知能力の差があるはずだ。とすれば，認知能力が高い人は起立していても着席していても影響を受けないが，認知能力が低い人は起立することでより大きな作業効率の促進をうけるかもしれない。そのような仮説を検証するためには，一般的な認知能力の指標として参加者のワーキングメモリの容量を測定して，その容量と姿勢の二つの要因が，課題成績へどのような影響を与えるかを検討する必要がある。測定したワーキングメモリの容量を測定する課題のスコアをもとに，参加者をワーキングメモリ容量高群と低群の２群に分類することとする。よってこの実験は，作業効率を測定する認知課題を遂行している際の姿勢（起立または着席）と，参加者のワーキングメモリの容量（高群または低群）の２つの独立変数の影響を同時に検討するデザインとなっている。

この実験から得られるであろう仮想データを図４－１に示す。左のグラフは交互作用が認められたとき，右は認められなかったときのグラフである。左のグラフからは容量高群と低群の課題成績の差が，着席条件よりも起立条件で小さくなっている。つまり，「課題時の姿勢による認知課題の成績への影響が，ワーキングメモリ高群と低群で異なっている」あるいは「ワーキングメモリ容量が認知課題の成績に与える影響は，課題時の姿勢によって異なっている」という交互作用が存在することがわかる。一方，右のグラフからは記憶容量の効果が，姿勢によって変わらないように読み取れる。この場合，交互作用がない，すなわち「課題時の姿勢による認知課題の成績への影響は，ワーキングメモリの容量によって変化しない」あるいは「ワーキングメモリ容量が認知課題の成績に与える効果は，課題時の姿勢に影響されない」と解釈できる。これらは，姿勢とワーキングメモリ容量の効果を別個の実験で検討した場合には導き出せない結論である。つまり，複数の独立変数を設定して実験を行う意義は，交互作用の検討にあるともいえる。

なお，交互作用が認められない場合でも，それぞれの独立変数の効果がないことを意味するわけではない。この右グラフの例では，起立条件は着席条件よりも，容量高群は低群よりも，全体として課題成績がよいことが示されている。このように交互作用がない場合でも，その2つの独立変数が独立して従属変数に影響を与えることもある。

3つ以上の独立変数が存在する場合には解釈がやや複雑になる。3変数（A，B，C）の実験計画であれば，その2変数にかかわる3つの交互作用（AとB，BとC，AとC）と3変数の交互作用（AとBとC）をそれぞれ検討することとなる。このとき，前者を2次の交互作用，後者を3次の交互作用と呼ぶ。3次の交互作用については，例えば「AとBの交互作用がCによって変化する」のように分割することで解釈が可

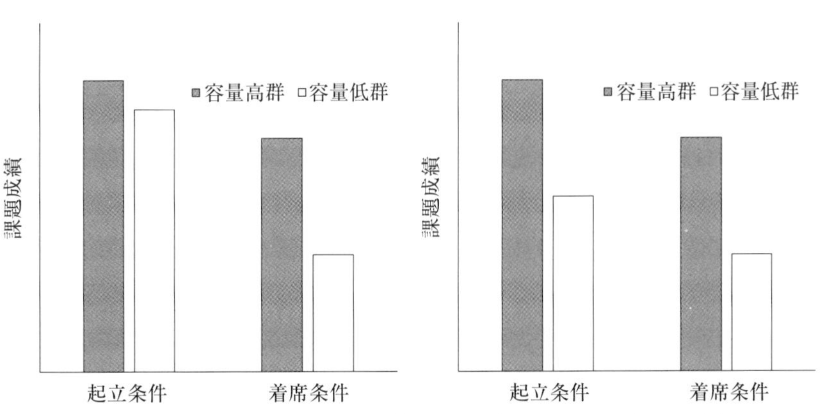

図4－1　交互作用のあるデータ（左）と交互作用のないデータ（右）

能であるが，４次以上の交互作用が存在した場合，その解釈は困難になることが多い。そのため，安易に独立変数を増やすことは望ましくない。

まとめると，複数の独立変数を設定する最大のメリットは，それらの独立変数間にどのような関係があるのかを示す交互作用を検討できることにある。交互作用が存在する場合には，それぞれの独立変数が従属変数に与える影響を個別に議論することにはほとんど意味がなく，交互作用をなす独立変数間の関係について議論しなければならない。

2. 実験計画法

（1）実験計画の決定

実験計画を決定する際に目指すべきゴールは，剰余変数が実験結果に与える可能性を最小化し，実験が妥当で安定した結果を生み出す可能性を最大化することである。心理学の主な研究対象である人間や動物は個体ごとに異なる特性を持っており，さまざまな点においてに異なっている。また，個人の中でも変動があり，同じ刺激に対する反応は常に同じとは限らない。このような測定対象に由来する変動が，剰余変数として実験結果に影響を与える可能性は常に存在する。これを実験計画によって統制するために，複数の実験条件に対して参加者をどのように割り当てるか，すなわち参加者内計画（within-participants design）と参加者間計画（between-participants design）のいずれを採るのかを決定しなければならない。

（2）参加者内計画

参加者内計画とは，各実験参加者が設定された独立変数のすべてを体験する計画のことである。先ほど挙げた実験例であれば，すべての参加者は立って課題を行う起立条件を行ってから，座って課題を行う着席条件を行う。この場合，条件間の比較を同じ参加者のデータに基づいて行うことになるため，そこに生じた違いは参加者の個人ごとの違い（例えば，参加者ごとの計算能力の違い）に帰属することはできない。そのため，個人差変数を統制するためにはこの参加者内計画がベストである。

ただし，参加者内計画において検討しなければならない剰余変数が存在する。さきほどの実験例で考えてみる。ある参加者にまず着席条件で計算課題を行ったのちに，起立条件で課題を行わせるとする。このとき，あとで行う起立条件のほうでは十分に計算課題を経験したことによる練習の効果が実験操作（姿勢の違い）とは無関連に課題成績に影響する可能性が考えられる。あるいは，時間が経過することに伴う参加者の疲れや飽きが影響する可能性もある。このような課題の実施順序による剰余変数のことを，順序効果と呼ぶ。これに対処するために用いられる手法に，カウンターバランス（counterbalancing）と無作為化（randomization）がある。

カウンターバランスとは，条件の実施順序を参加者ごとに変え，順序効果を相殺しようとする手法である。例えば，一人目の参加者には起立条件→着席条件の順で，二人目の参加者には着席条件→起立条件の順に実験を実施する。それによって，各実験条件に対する順序効果を二人の参加者のデータを平均化することで相殺することができる。このようにカウンターバランスは順序効果に対して簡便に対処できる手法として有効であるが，独立変数の個数が増えると適用が難しくなるのが難点である。独立変数が２つであれば２通りで済むが，４つであれば24通り，５つであれば120通りの実施順序が生まれる。完全にカウンターバランスを行うためには，この実施順序の倍数の参加者数を要するため，独立変数の数が多い実験では現実的とはいえない。そのような場合には，あり得る実験条件の実施順序に参加者をランダム（無作為）に割り当てる，無作為化の手法を用いる。コンピュータを使って乱数を発生させて，参加する参加者ごとに順序を割り振る。

このように練習効果などによる順序効果に対しては比較的容易に対処ができるが，それでは対処できないより深刻な影響をもたらす順序効果も存在する。例えば，なんらかの認知課題において，課題を解くために助けとなる方略を教示として与える条件と与えない条件を実施する実験を考えてみる。この場合，教示なし条件→教示あり条件の順に行うのは問題ないが，教示あり条件→教示なし条件で実験を行うことには問題が生じる。参加者が先に教示あり条件で教えられた方略を，たとえ使わないように指示されても，後半の課題にも用いる可能性があるからである。このような，時間的に前に行った課題や試行が後に与える影響を残留効果（carryover effect）と呼ぶ。残留効果に対しては参加者内計画の実験の中で対処することは一般的に困難なため，この剰余変数の影響が想定される場合には，この後説明する参加者間計画を使う必要がある。

（3）参加者間計画

参加者間計画では，参加者は独立変数のいずれかに割り当てられ，その条件のみで実験を行う。ある一群の参加者は起立条件のみで，別の群の参加者は着席条件のみで課題を行う。そして，群間で結果を比較することによって独立変数の効果を検討する。この場合，それぞれの参加者はいずれかの条件のみを体験するので，実験結果が順序効果や残留効果の影響を受けることはない。ただし，群間で比較する際に，各群に割り当てられた参加者の個人差に起因する分散を考慮しなければならないという，別の問題が発生する。

参加者間計画を用いる際に気をつけなければならないポイントは，それぞれの群に割り当てられる参加者による差異を最小化することである。もし，起立条件に割り当てられた参加者の計算能力が着席条件に割り当てられた参加者のそれよりも高ければ，群間に課題成績の差があったとしても，それを実験操作によるものと結論づけることはできなくなる。これを防ぐために用いられる参加者の割当方法には，マッチング法と無作為割当法がある。

マッチング法では，参加者を独立変数に割り当てる前に，実験で測定する従属変数に関する個体差変数（ベースラインと呼ばれる）を測定しておく。例えば，従属変数として計算課題の成績を用いる場合，すべての参加者の計算能力を測定しておく。そして，参加者を2群に配分するのであれば，同等の計算能力をもつ参加者をペアにして，片方をある独立変数に，もう片方を別の独立変数に割り当てる。これによって，2つの群の計算能力がほぼ同等になる。ただし，この場合は実験前にあらかじめ全ての参加者に対してベースラインの測定を行うことが必要となるため，実際の研究場面では実現が困難であることも多い。そのため，同じように各参加者の実験前にベースラインを測定した上で，なるべく両群の平均値が揃うように考慮しながら，逐次的に参加者を各群に配分する方法もある。ただし，いずれの方法でも厳密なマッチングには多大な労力を要する。最終的に両群の平均値を完全に等しくすることができるとは限らないし，考慮すべき個人差変数が複数ある場合はさらに実現が困難になる。加えて，実験者が想定しない個人差変数が剰余変数となっている場合は，この方法では対処できない。

そこでより一般的に用いられるのが無作為割当法である。特にベースラインの測定を行わずに，実験に参加した参加者をいずれかの独立変数に完全にランダム（無作為）に割り当てる方法である。割当にはカードやサイコロなどを使う，乱数表を作成する，コンピュータによって乱数を発生させるなど，さまざまな方法がある。この方法の利点は，まずもって簡便であることであるが，それ以外にも多くのメリットがある。マッチング法では，実験者が剰余変数と想定する個人差変数を統制しようとするものであるが，個人差変数が正しく測定できるとは限らないし，また実験者が想定していない剰余変数については統制できない。無作為割当法は完全に無作為に配分を行うため，特定の個人差変数に限定されず，すべての個体差変数に対して統制を行っていることと同義である。また，無作為割当によって生じた群間の差はあくまで偶然によるものなので，統計的検定によって見分けることができる。

ただし，無作為割当法は参加者数が少ないときには有効に機能しない。無作為はあくまで無作為であるため，サンプルサイズが小さいときには偶然どちらかに偏る可能性があるからである。例えばサイコロの出目はそれぞれ1/6の確率で出現するが，サイコロを振る回数が少ないうちはたまたま特定の出目が連続して，理論的な期待値と大きく乖離することもある。しかし，回数を10回，100回と増やしていけば，だんだんと理論値に出現率が近づいてゆく（大数の法則）。そのため，サンプルサイズが十分に大きいときは無作為割当法による剰余変数の統制が有効であるが，サンプルサイズが小さく，剰余変数となる個人差変数があらかじめ想定できる場合にはマッチング法を採用するとよい。

（4）混合要因計画

参加者内計画と参加者間計画は相互に排他的なものではなく，組み合わせることもできる。複数の独立変数を同時に測定する実験において，参加者内計画では剰余変数を十分に統制できない独立変数については参加者間で，それ以外の変数は参加者内要因として実験を実施することが珍しくない。実験の目的に応じて適切な要因計画を立てれば，参加者間・参加者内計画の両方の利点を享受できる。

（5）統制条件

多くの実験では剰余変数の統制のために，統制条件（参加者内計画）あるいは統制群（参加者間計画）を設定する。もっともシンプルな形では，独立変数の実験操作を受けない条件・群として設定される。例えば，ラットを使った学習課題における報酬の効果を検討する場合は，報酬を与えられないラットのグループが統制群となる。

統制条件は，実験の中で何の変数の効果を検討したいのか，すなわち実験の目的をよく考えて慎重に設定しなければならない。上述のように，実験操作を与えないのが統制条件として適切な場合もあるが，しばしばそれ以外のやり方で設定しなければならないこともある。例えば，記憶の干渉効果を検討する実験を想定してみよう。複数のリストを覚えた際に，それらがどう影響し合うのかを明らかにする実験である。参加者には単語のリストＡと，別の単語リストＢを記銘することが求められる。実験者は，複数のリストを記憶した際のリストＡに対する記憶成績は，リストＡのみを単独で記憶するよりも悪くなると予測し，これを検証しようと考えたとする。さて，この時どのような統制条件が必要になるだろうか。例えば，リストＡを学習し，その後でその記憶をテストする。その後，リストＢを記憶させ，その後で再びリストＡの記憶をテストし，最初と最後のテストの成績を比較するのはどうだろうか。よく考えると，この実験計画には問題があることがすぐわかるだろう。たとえ，二回目のテストの成績が悪くなったとしても，それは記銘時からの経過時間が長くなったからかもしれないし，参加者の疲労のせいかもしれない。逆に，二回目は課題に対する練習効果が生じて成績がよくなるかもしれない。いずれにせよ，二回のテストに成績の差があったとしても，それはリストＢからの干渉効果であるとは結論できないのである。では，参加者を２群にわけて，一群にはリストＡとリストＢの学習を続けて学習させた後にリストＡをテストする。もう一群にはリストＡの学習のみを学習させ，リストＢの学習に掛かる時間と同じぐらいの間休憩を取らせてから，リストＡをテストする。そして，この２群でテストの成績を比較するのはどうだろう。これは先ほどの計画よりはよくなっているが，まだ不十分である。なぜなら，後者の統制群に割り当てられた参加者が休憩の間にリストＡで記憶した内容を繰り返しリハーサルすることができるからである。そうすれば，リストＢの干渉とは無関係に，統制群の参加者の記憶成績は高くなると考えられる。この実験でより適切な統制群では，リストＡの学習のあとに単に休憩させるのではなく，リストＡのリハーサルを邪魔する，例えば計算課題などを与える。それによって，リストＢの学習にかかる時間や心的負担と同じ程度の課題負荷を与えることができれば，より純粋にリストＢからの干渉効果を検討することが可能になる。

演習問題

1．本文中で説明されたスタンディングデスクの実験について，視距離以外に着座条件と起立条件の比較において統制すべき剰余変数がないか，もしあればどのような対処方法をとることができるか考えてみよう。

2．２つの独立変数の交互作用を検討するような実験デザインをいくつか考えてみよう。また，身の回りの現象で２つ以上の要因による交互作用が生じている例がないか探してみよう。

解答のポイント

1．例えば疲労の影響が考えられる。起立群は着座群に比べて疲労しやすいため，特に課題の開始から時間がたつにつれて課題成績への影響が群間で異なってあらわれるかもしれない。この場合，疲労の影響がでないよう実験の途中で休憩を入れるなどの対処が考えられる。通常，実験場面ではすべての要因を条件間で完全に均一にすることはできない。重要なのは，従属変数に影響を与える要因を特定し，それに対する実験的統制を行うことである。

２．例えば，ＡとＢの２つの教授法が学力の違う２群の生徒（成績高群・成績低群）に与える影響を検討する実験が考えられる。Ａ教授法は元々の成績に関わらず効果があるが，Ｂ教授法は成績の低い生徒にのみ効果がある，という結果が得られれば教授法と学力の間の交互作用が認められたことになる。実験計画の立案にあたっては，なんらかの仮説に基づいて独立変数を設定しなければ，たとえそれらの間に交互作用があったとしても解釈ができないことに注意せよ。日常的な例を考える際には，どの要因が独立変数・従属変数にあたるのかを考えた上で，独立変数間の関係に注目するとよい。

参考図書

- 三浦麻子『なるほど！心理学研究法』（北大路書房，2017年）
- 佐藤暢哉・小川洋和『なるほど！心理学実験法』（北大路書房，2017年）
- 高野陽太郎・岡隆『心理学研究法　心を見つめる科学のまなざし　補訂版』（有斐閣，2017年）

5 実験法2
――心理学的測定法の基礎

小川洋和

≪目標・ポイント≫　実験心理学が研究の対象とする知覚や認知といった心的過程は，物理的な大きさや重さのようにそのままでは客観的に測定することはできない。そこで，それらの過程を反映する指標として，ヒトの行動や生理的反応をさまざまな方法で測定・数値化して，分析を行う。この章では，その心理学的測定法の基礎について概説する。さまざまな測定法，行動指標と生理指標の意味づけなどに関する基礎的な知識を身に付けることを目指す。

≪キーワード≫　操作的定義，心理物理学的測定法，行動指標，生理指標

1. 心理学実験における測定

実験心理学は，実験を行い客観的なデータを測定し分析することで「人間がどのような状況でどのような行動を取るのか」についての法則を明らかにし，さらにそこから理論を構築することによって，人間の心的過程を体系的に理解しようとする学問だといえる。そこで基本になるのが「データを測定する」ことである。

心理学が対象とする心的過程は，物の重量や大きさのようにそれ自体を直接測定することはできない。そこで心理学者は，第4章で述べたように，実験法によって環境内の要因を一定に保ちつつ特定の要因を操作し，その影響を客観的な指標を測定することで研究を進めてきた。そこで重要な役割を果たしたのが操作主義（operationalism）という考え方

である。これは，科学によって扱う概念をそれをどのように測定するかという操作によって定義しようとする方法論的立場で，それに基づいて行われた概念の定義を操作的定義（operational definition）と呼ぶ。この考え方は，物理学の進歩によって距離や長さ，質量といった概念を厳密に定義する必要が出てきたことから，アメリカの物理学者パーシー・ブリッジマンが提案したものである。この操作主義を取り入れることによって，心理学は直接観察できない心的現象という概念を，それを観察しようとする手続きによって科学的に定義し，研究対象とすることができるようになった。

2．心理物理学的測定法

（1）心理物理学的測定法とは

19世紀のドイツの物理学者・哲学者であるフェヒナーは，物理量である刺激と心理量である感覚の間の対応関係を測定し，その関数関係を明らかにしようとする学問，すなわち精神物理学（psychophysics）を創始した。精神物理学が発展する中で，さまざまな感覚・知覚内容の測定法が開発された。それらは，実験心理学の成立に大きく貢献しただけではなく，その手法は心理物理学的測定法として現在の実験心理学において広く用いられている。

（2）刺激閾・弁別閾

私たちの感覚や知覚には感知できる限界があり，外界にあるものすべてを感じ取ることはできない。例えば，空気中に浮遊する細菌を直接目で見ることはできない。しかし，ホコリぐらいのサイズまで大きくなれば，近くを飛んでいるものについては知覚することができるだろう。一般に，その他の条件が一定であれば，感覚刺激の物理量の強度が大きいほど知覚しやすく，小さければ知覚しにくくなる。感覚を引き起こすのに必要な最小の刺激強度の事を刺激閾（sensory threshold）または絶対閾（absolute threshold）と呼ぶ。

また，知覚しているものが変化したときに，その度合いが小さいと変化に気づかないこともある。例えば，ミュージックプレイヤーにイヤホンを繋いで音楽を聴いているときに，誰かがあなたに知らせずに音量を変化させたとする。量の変化がとても小さい場合には音量が変化したことに気づかないかもしれない。しかし，ボリュームを２段階，３段階と下げている内にいずれかのタイミングで音量が下がっていることに気づくはずである。このような刺激強度の違いに気づくために必要な変化量を弁別閾（difference threshold）と呼ぶ。また，この時に感じている感覚の違いを丁度可知差異（just noticeable difference；jnd）と呼ぶ。

（3）ウェーバー・フェヒナーの法則

弁別閾は，もともとの刺激の物理量によって変化する。100gのものが110gに変化すれば簡単に気づくが，1000gが1010gに変化してもそれに気づくのは難しい。一般的に，基準の刺激の物理量の多さと弁別閾の大きさの間には比例関係が成立することが分かっている。ある刺激の量をS，それに対する弁別閾をΔＳとすると，

$$\frac{\Delta S}{S}=K$$

と表すことができる（Kは定数）。これを発見した19世紀の生理学者の名前から，ウェーバーの法則（Weber's law）と呼ぶ。この法則によると，1000gの物体の重量が変化したことを知覚するために必要となる変化量は，100gの物体の弁別閾の10倍に相当することになる。また，この定数Kはウェーバー比とよばれ，感覚の種類によって異なる値を持つこと

が示されている。ウェーバー比を用いることで，感覚モダリティ間で感覚の弁別力を比較することができる。例えば，大きさに関する視覚の弁別閾と音圧に関する聴覚の弁別閾では単位が違うため，それらを直接比較することは意味がないが，ウェーバー比を算出することで異なるモダリティ間の相対的な感度を比較することが可能になる。ただし，この法則は刺激量が非常に小さい，あるいは非常に大きい場合には成立しないことには注意が必要である。

フェヒナーはウェーバーの法則をさらに発展させ，

$$\Psi = K \log_e S$$

が成立すると主張した。この時Ψは感覚量，Ｓは刺激量（ただし刺激閾における物理量が単位），Ｋが定数である。つまり，この式は感覚量が刺激量の対数に比例することを示しており，フェヒナーの法則（Fechner's law）とよばれる。

（４）主観的等価点

精神物理学において閾値とならぶ重要な概念として主観的等価点（point of subjective equality；PSE）がある。これは，２つの刺激を比較したときに，２つの刺激強度が同じに知覚される物理量のことである。例えば，錯視などでは物理的に全く同じであるはずの２つの刺激の大きさが違って見えるようなことがある。このとき，一方の大きさを変化していくと，ちょうど２つが同じ大きさに見えるポイントがあるはずである。そこが主観的等価点である。このとき，２つの刺激の物理的な大きさは異なっているわけだが，この物理量の差はその時感じている錯視の強さだと考えることができる。つまり，主観的等価点を求めることは，錯視量という心理量を測定することを意味している。

（5） 4つの測定法

閾値や主観的等価点を求めるための心理物理学的測定法には，調整法，極限法，階段法，恒常法の4つがあり，調整法から恒常法の順に測定の正確さは上がっていくが，実験参加者の負担も増えていくことになる。それぞれに利点と欠点があるため，目的に応じて使い分けることが必要である。

●調整法

調整法（method of adjustment）は，参加者自身が刺激を操作して刺激閾やPSEを見つける方法である。ミュラー・リヤー錯視の錯視量の測定に用いる場合，矢羽根のついた直線を標準刺激（standard stimulus），矢羽根のついていない直線を比較刺激（comparison stimulus）として呈示し，比較刺激の長さを調整して標準刺激と同じ長さになるところで調整をやめる。そのときの比較刺激の長さが1つのデータとなる。複数回調整をして，値の平均値や中央値がPSEの値となる。

この方法は簡便で参加者も理解しやすいことが利点であるが，参加者が故意に結果を歪めてしまうことも可能なため，測定の正確さには疑問が残る。また，調整には時間が掛かるため，知覚的な残効など短時間で消去してしまう現象の測定には利用できない。また，刺激は連続的に変化できるものに限られる。このように多くの限界はあるが，本格的な実験の前に予備的に測定する際には有用な手法である。

比較刺激の長さ（cm；標準刺激は10cm）

試行回数	5	6	7	8	9	10	11	12	13	14	15	反応変化点
↑1	はい	はい	はい	はい	いいえ							8.5
↓2				はい	いいえ	いいえ	いいえ	いいえ	いいえ	いいえ	いいえ	8.5
↑3	はい	はい	はい	はい	はい	いいえ						9.5
↓4					はい	いいえ	いいえ	いいえ	いいえ	いいえ	いいえ	9.5
↑5	はい	はい	はい	はい	はい	いいえ						9.5
↓6		はい	いいえ	いいえ	いいえ	いいえ	いいえ	いいえ	いいえ	いいえ	いいえ	6.5

測定されたPSE　8.7（8.66…）

図５－１　参加者の例。参加者は標準刺激と比較刺激を比べて，比較刺激のほうが短く見えたら「はい」，長く見えたら「いいえ」と反応する。各試行で反応が切り替わったときの比較刺激の長さを反応変化点と記録し，すべての試行の変化点の値を平均することで主観的等価点（PSE）を算出する。

●極限法

実験者が連続的に刺激を変化して参加者の判断を求める方法が極限法（method of limit）である。例えば，ミュラー・リヤー錯視のPSEの測定に極限法を用いる場合，下降系列においては標準刺激（矢羽根図形）に対して極端に長い比較刺激を呈示し，どちらが長いかを判断させる（図５－１）。比較刺激のほうが長いと反応した場合には，比較刺激をあらかじめ決めておいた分だけ短くして呈示し，判断を求める。これを繰り返していき，判断が変わったところで測定を終了する。このとき判断が変わった値と変化の直前の値を平均した値を反応変化点とする。刺激の物理量を求めたい閾値やPSEの値よりも極端に大きい値から始める下降系列と，逆に求めたい値よりも極端に小さい値から始める上昇系列の２つの刺激系列を交互に用いて，この一連の手続きで測定を行い，得られた反応変化点を平均した値をPSEとする。

極限法は，調整法から参加者自身による刺激操作を除くことで測定の正確さを向上させようとしたものである。簡便に測定できること，極端な値からスタートするため，求めようとする閾値やPSEがどこにあるのかが未知の場合にも適用しやすいことなどのメリットはあるが，刺激系列を連続的に変化させていくため，参加者の予期や期待などのバイアスによる誤差が生じやすいことはなお問題として残る。

●階段法

極限法を発展させ，もっと少ない試行数で効率的に測定を行うために開発されたのが階段法（staircase method）である（上下法と呼ぶこともある）。階段法では，極限法と同じく，上昇系列あるいは下降系列のいずれかで刺激を呈示し，参加者の反応が変化するところまで連続的に刺激強度を変化させる。極限法と違うのは，反応の変化点で系列を終了させるのではなく，刺激強度の変化方向を逆にして試行を続ける点である。つまり，下降系列でスタートした場合，反応が変化した時点で，今度は上昇系列を開始する。そしてまた判断が変化したら，次は下降系列を開始する。あらかじめ決められた回数，反応の変化点が得られたらそこで測定を終了し，反応変化点の平均をPSEや閾値とする。

階段法は測定の精度を保ったまま，試行回数を節約することができるのが利点である。また，極限法と同じく閾値やPSEが存在する範囲が測定前にわからない場合にも適用できる。ただし，調整法や極限法と同様に，連続的に刺激を変化させるため，参加者のバイアスや系列効果が生じる可能性がある。

●恒常法

これまで紹介した3つの方法では刺激を連続的に変化させていたが，恒常法（method of constant stimuli）ではそれらとは異なり，毎回刺激をランダムに変化させることが特徴である。例えば，ミューラー・リアー錯視のPSEを恒常法で測定する場合，標準刺激（10cmの矢羽根図形）に対して比較刺激の長さを4，6，8，10，12，14，16cmというように設定し，毎回の試行ではこの比較刺激の中から1つを選択して呈示する。参加者は標準刺激と比較刺激のいずれが長いかを判断することを繰り返す。それぞれの比較刺激に対して「標準刺激よりも長い」と反応した回数をカウントし繰り返し回数で割ると「長い」と反応した割合を求めることができる。縦軸に反応割合を，横軸に比較刺激の長さをとって，データをプロットすることによって，ある比較刺激に対して，どの程度の確率で比較刺激が「長い」（あるいは「短い」）と反応するかを推定することができる。すなわち，反応割合がちょうど0.5になる比較刺激の長さをPSEと定義するのである。

このような実験では，一般的に刺激の物理量の変化に対する反応率の関数はS字型のカーブを描く。この関数は心理測定関数（psychometric function）と呼ばれる。この関数は累積正規分布でよく表現されることが知られており，曲線当てはめという方法を使って離散的なデータの間を補完すれば，ちょうど反応の割合が0.5となるところにプロットがない場合にも，PSEにあたる比較刺激の長さを推定することができる。

恒常法では，刺激をランダムな順序で呈示することで，参加者の期待や知識によるバイアスの影響を最小化している。そのため，4つの方法の中では最も厳密に閾値やPSEを測定することが可能である。ただし，1つの測定値を得るために膨大な試行数が必要になるため，参加者の負担は大きくなる。また，測定しようとしている閾値やPSEをカバーする範囲で刺激量を設定しなければならないことにも注意が必要である。

3. 行動指標の測定

（1） 行動指標とは

外から観察可能な行動を観察あるいは測定し，数値化したものを行動指標と呼ぶ。心理学実験では，参加者に課した課題の成績や反応にかかった時間，正確さなどが指標とされることが多い。それ以外にも，表情や瞬きの回数，手振り身振りなどの身体の動きのように，非言語的な行動を測定する場合もある。

（2） 反応時間

刺激を呈示してから反応するまでにかかる時間を反応時間（reaction time；RT）あるいは反応潜時（reaction latency）と呼ぶ。人間を１つの情報処理システムとみなし，その中で情報がどのように取り込まれて処理され，行動が生じるのかを明らかにしようとする学問領域である認知心理学（cognitive psychology）の隆興に伴って，反応時間を指標として利用する研究が盛んに行われるようになってきた。

その嚆矢ともいえるのがスタンバーグによる一連の研究である。スタンバーグは「項目再認課題」とよばれる実験のなかで，参加者に記憶項目として数字（例えば「４，６，２，９」）をいくつか記憶させた後に，テスト項目として数字を１つ（例えば「６」）呈示し，それがさきほど覚えた記憶項目の中にあったかを回答させた。そして，記憶項目の数(セットサイズとよぶ）を操作し，それが回答の反応時間に与える影響を検討した。その結果，反応時間はセットサイズが大きくなるにつれほぼ線形に増加する，すなわち反応時間がセットサイズの１次関数になることが示された。この結果からスタンバーグは「短期記憶における項目の探索は，１項目ずつ順番に，一定速度で行われている」と推測した。このとき関数の傾き（セットサイズが１つ増える際の反応時間の増分）は，項目１つあたりにかかる処理時間であると解釈することができるとした。

反応時間が人間の認知処理を検討するための指標として有効であることを示したスタンバーグの研究は，大きなインパクトがあった。ただし，スタンバーグの提案したモデル自体は，その後モデルからは説明できない実験結果が相次いで報告されるなど，多くの問題点が指摘されている。例えば，モデルの前提として，人間の情報処理が「処理Ａ→処理Ｂ→処理Ｃ」といったように，段階的にかつ系列的に行われているとする仮定が必要になるが，これは必ずしも正しくない。そのため多くの場合，スタンバーグが提案したように，ある課題において測定された反応時間を，特定の認知処理にかかる時間であるとそのまま解釈することは困難である。現在では，反応時間を「課題遂行に必要な処理の難易度」を示す定性的な指標として，実験条件間の差異を検討するために使用するのが主流である。

（３）反応の正確さ

一般的に，心理学実験で用いる課題には正答・誤答が設定される。反応の正確さは，正答試行（あるいは誤答試行）の数を全体の試行数で割った割合，すなわち正答率（あるいは誤答率）が課題遂行の正確さの指標として算出される。実験を実施する際には，実験参加者が教示を理解しその指示に従って課題を遂行していたことや，条件によって反応の基準が変わっていないかを確認する必要があるため，反応時間を主に検討する実験計画であっても正答率は確認しなければならない。例えば，ある実験条件において他の条件よりも反応時間が減少した場合に，正答率が上がっていれば，その条件における課題成績が向上していると解釈できる。しかし，この時に正答率は逆に下がっていた場合には，課題成績が向上したのではなく，単に参加者が急いで課題を遂行するために判断に確信が持てない場合でも大胆に反応していた可能性が高い。このようなスピードと正確さのトレードオフ（speed-accuracy tradeoff）は反応の基準に関するバイアスであり，それ自体を研究対象とするのでなければ，剰余変数として排除すべき要因である。

正答率を指標とする実験においても，反応バイアスの検討は必要である。例えば，以下のような記憶実験を考えてみる。実験参加者に50個の単語からなる記憶リストを記憶させる。その後で，記憶した50個の項目と記憶リストにはなかった50個の単語をテスト項目としてランダムな順序で呈示し，それぞれに対してその項目が記憶リスト内に含まれていたかどうかを判断させるとする。このとき，テスト項目２種類と「あったorなかった」の２種類の反応から，４つの結果が生まれる。すなわち，記憶リストにあった項目に対して「あった」とするヒット（hit），リストにない項目に「なかった」とする正棄却（correct rejection；CR），リストにあった項目に「なかった」とするミス（miss），リストになかったのに「あった」とする誤警報（false alarm；FA）である。このうち前者２つは正答で，後者２つが誤答となる。

実験の結果，２名の参加者の各試行における反応回数が図５-２のようになったとする。いずれの参加者も正答率としては72％で同じだが，その内容は大きく異なっている。データを見ると，参加者１はミスと正棄却が多く，参加者２はヒットと誤警報が多い。言い換えると，参加者１は「なし反応」，参加者２は「あり反応」がそれぞれ多く，反応の傾向が異なっていることがわかる。このような場合には，信号検出理論（signal detection theory）と呼ばれる分析方法をもちいて，それぞれの参加者がどの程度刺激を判別できているかと反応傾向や判断基準とを区別して算出し，分析することが多い。信号検出理論の詳細については，章末の参考図書を参照してほしい。

		参加者1		参加者2	
		あり反応	なし反応	あり反応	なし反応
記憶リストに	あった	24(hit)	22(miss)	44(hit)	2(miss)
	なかった	6(FA)	48(CR)	26(FA)	28(CR)

図５－２　実験参加者間の反応傾向の違い。灰色のセルは正答試行を示す。

4. 生理指標の測定

（1）生理指標とは

生理指標とは，脳の活動や身体的な反応を測定することによって得られる指標である。心理学の一分野である心理生理学(psychophysiology)では，この生理指標を従属変数にとり，心理的な要因によってそれがどのように変化するかを検討する。生理指標は，中枢神経系の反応を測定するものと，末梢神経系の反応を測定するものに大別できる。末梢神経系はさらに自律神経系と体性神経系に分類される。

生理指標を測定するメリットは，身体的な反応を直接測定することで，ヒトが自覚できない，あるいは言語化できない反応や，行動として表れにくい心的過程を検討することができる点にある。ただし，単一の生理指標が特定の心的過程と一対一で対応しているわけではなく，あくまで複数の心理的・身体的過程の結果として表れた身体的反応の一側面を捉えているに過ぎないことには留意すべきである。

（2）中枢反応の指標

●脳電図

脳電図（electroencephalogram；EEG）は，頭皮上に装着した電極から脳神経の電気的活動を記録したもので，単に脳波（brain wave）とも呼ばれる。EEGは，横軸に時間，縦軸に電圧をとってプロットすると波のようなパタンを描くが，この波の周波数をもとにアルファ波（13～8 Hz），ベータ波（14～30Hz），シータ波（４～７Hz），デルタ波（0.5～3.5Hz）などに分類される。EEGは脳の自活的な活動を記録したもので，主に覚醒水準や睡眠深度を反映していると考えられている。覚醒状態においてはベータ波が優性であるが，目を閉じてリラックスしているとアルファ波が現れる。覚醒水準が下がり眠くなってくると，アルファ波はシータ波に置き換わり，さらに睡眠が深くなるとデルタ波が優勢となる。

●事象関連電位

ヒトが外部から特定の刺激を受けたときには，それに対応した脳活動が発生する。それをEEGから抽出したものが事象関連電位（event-related potential；ERP）である。通常，一回の刺激に対するERPは電位の振幅が小さいため，自発的な脳活動の中に埋もれてしまい，観察することはできない。そのためERPを測定する実験では，繰り返して刺激を呈示し，刺激を与えた時点に揃えてEEGを加算平均する。EEGのうち刺激と関係なく自発的に発生している成分は，ランダムであると見なせるので，加算を繰り返すことによって相殺されてゼロに近づいていく。刺激に関連して発生しているERP成分は，加算することで振幅が増加していく。このように，加算平均によってS／N比を高めることで，ERPを抽出することができる。

ERPの波形はいくつかの頂点や谷から構成されており，複数の発生源を持つ成分が空間的・時間的に重なっていると考えられている。そのため，それぞれの波の極性（陽性／陰性），大きさ（振幅），出現のタイミング（潜時）などからいくつかの成分に分けられ，それぞれの成分に反映される心的過程が検討される。例えばある刺激に対する注意の処理を検討する際には，刺激に対して注意が向けられる条件と，そうでない条件を設定し，それらの間でERP成分を比較する。ある刺激に対して生起したERP成分の振幅が注意をむけることによって大きくなれば，注意がその刺激に対する処理に対して何らかの影響を与えたと解釈することができる。

●神経イメージング

近年の技術の発展にともない，ヒトの心的過程を研究する際にも利用されるようになってきたのが神経イメージング（neuroimaging）法である。イメージング法を用いて知覚や認知の神経メカニズムを検討する研究分野は認知神経科学（cognitive neuroscience）とよばれ，実験心理学と神経科学から生まれた新しい学問領域である。イメージング法には，以下のようなものがあげられる。それぞれの詳細については章末の参考図書を参照してほしい。

- 脳磁図（magnetoencephalogram；MEG）
  脳の電気的活動によって生じる非常に微細な磁場変動を，超伝導量子干渉計（SQUID）とよばれるセンサーを用いて測定する。
- 機能的磁気共鳴画像法（functional magnetic resonance imaging；fMRI）
  核磁気共鳴とよばれる現象を利用して，脳内の酸化血流量の局所的な変化を測定する。
- 陽電子放射断層撮影法（positron emission tomography；PET）

血中に放射性物質で標識したグルコースなどを投与して脳内の血流量の変化を測定する。

- 近赤外分光法（near-infrared spectroscopy；NIRS）
頭皮上に設置したプローブで近赤外帯域の波長透過性を計測することによって，脳組織における酸素レベルと血流量を測定する。

（3）末梢反応の指標

心理学において用いられる自律神経活動の指標としては，心拍（heart rate），血圧（blood pressure），皮膚電気活動（electrodermal activity；EDA），瞳孔反応（pupillary response），容積脈波（plethysmogram）などがある。一般的に自律神経系の指標は，中枢反応の指標と比較して，賦活的・エネルギー的な身体事象・情動とよく対応しているため，快-不快といった情動の次元や心的ストレスなど情動的反応の測定に適している。また，計測が容易であり，実験参加者の負担が少ないことも利点である。

体性神経活動の指標には，筋電位（electromyogram；EMG）や眼電位（electrooculogram；EOG）がある。EMGは皮膚の表面に電極を設置し筋繊維の収縮に関連した電位を測定したものである。四肢の運動を測定するだけではなく，顔面から測定することによって表情筋（皺眉筋や頬骨筋など）の活動から表情表出を測定することもできる。EOGは目の周辺に電極を設置し，眼球の回転に伴う電位変化を記録したもので，眼球運動や瞬目（まばたき）を測定することができる。

演習問題

1．心理物理学測定法の節であげた例は錯視の主観的等価点を求めるものであったが，例えば雑音の中に呈示される弱い聴覚刺激の刺激閾の値を測定する場合，４つの測定法をどのように適用すればよいか，それぞれ説明せよ。
2．本文で紹介したもの以外に心理学実験で用いられる行動指標にはどのようなものがあるかあげてみよう。

解答のポイント

1．刺激閾を測定するということは，聴覚刺激の音量を操作することになる。調整法，極限法，階段法では刺激強度を連続的に変化させ，恒常法ではランダムに変化させることがポイントである。
2．本文中でも非言語的行動について触れているが，対象となる行動にどのようなものがあり，それぞれどのような方法で測定するか調べてみるとよい。

参考図書

- 佐藤暢哉・小川洋和『なるほど！心理学実験法』（北大路書房，2017年）
- 市川伸一『心理測定法への招待　測定からみた心理学入門』（サイエンス社，1991年）
- Ｊ・Ｌ・アンドレアッシ（今井章 監訳）『心理生理学　こころと脳の心理科学ハンドブック』（北大路書房，2012年）
- 村上郁也『心理学研究法１　感覚・知覚』（誠信書房，2011年）

6 調査法 1
——調査法の基礎

大竹恵子

≪目標・ポイント≫ 本章の目標は，言葉や文章を用いて対象者から回答を求める調査法という研究法の特徴を学び，調査を実施する手順としてサンプリング，調査法の種類について理解することである。また，この章では心理尺度の作成過程の前半として，構成概念や内容的妥当性，項目の作成や選定の手法について学び，調査法の基礎を身に着けることを目指す。

≪キーワード≫ 調査法，尺度，サンプリング，調査法の種類，構成概念，内容的妥当性

1. 調査法の特徴

(1) 調査法とは

調査法は，人間の心や行動を理解するために，対象者に言葉を用いてさまざまな質問をなげかけ，それに対する対象者の主観的な評定である回答（データ）を得る研究法である。調査法は，個人差や現象把握，それらに関連する要因を探索するために用いられることが多い。例えば，紙面や対面あるいはWeb上で意見をたずねる「アンケート」は個人の意見や感想を測定する調査である。また，個人の学力を把握する「試験」や，個人の意見を記述する「投票」も調査の一種だといえる。この他，国勢調査や国民健康・栄養調査といった大規模調査等，調査法は，一律の質問内容を一度に多数の対象者に配布して回答を得ることが比較的容易であるため，日常生活においても幅広く活用されている。

（2）尺度とは

調査法をはじめ，心理学では，尺度（scale）を用いて研究したい内容を測定することがある。尺度とは，測定しようとする対象に対して数値を割り当て対応させる基準であり，「ものさし」だといえる。調査法では，測定したい内容を質問項目として設定し，それに関する回答を選択式あるいは自由記述式などの手法を通して収集することが多い。このような測定したい質問内容（質問項目）をまとめたものを調査票あるいは質問紙（questionnaire）と呼ぶ。心理学の研究において多く用いられる質問紙は，質問項目に対する回答を求める測定のための道具でもあるため，質問紙尺度や心理尺度と呼ばれることも多い。

従来の心理学に関する調査研究では，紙筆を用いて行われることが多かったが，現在ではインターネットの普及によってオンライン調査と呼ばれる手法が増えている。調査法の種類については後述する。

（3）調査法の強みと弱み

調査法は，研究対象としている人の心理状態や個人の考え方や行動に関する特性等を測定する道具のひとつであり，何らかの質問に対する対象者の回答から心理現象を把握したり，それに伴う諸要因を検討することが多い。調査法の強み（長所）と弱み（短所）として，以下の特徴をあげることができる（宮下，1998）。

●調査法の強み

1）個人の内面を広くとらえることができる
2）多人数に同時に比較的短時間で実施できる
3）費用が比較的安価である
4）一斉に実施することによって実施条件を統一できる
5）調査対象者のペースで回答できる

●調査法の弱み

1）個人の内面を深くとらえることが難しい

2）調査対象者の防衛が働きやすい

3）適用年齢に制限がある

調査法の最大の強みは，一律の調査票を多数の対象者に配布し，比較的短時間で回答を得ることができる点にある。とくにインターネットの普及によって，調査を実施する側も回答をする側も調査の配布や回収の手続き等が簡便になり，国や文化を超えた対象者の回答なども瞬時に収集できる点は調査法の長所としての特徴である。

しかしながら，調査法には，さまざまな弱点があることも知っておく必要がある。調査法では，実験法のような因果関係を想定して原因の候補となる要因を操作することは多くはないため，ある反応を引き起こすと考えられる要因（独立変数）と想定する変数以外を統制して結果（従属変数）に与える効果を検討する実験法と比較すると，ある現象の原因を特定する力は弱いといえる。この弱みに対して，調査法にシナリオ実験を組み合わせる形で便宜的に「架空」の条件を設定して回答を求める研究法も存在する。このようなシナリオ実験は，実験法のようなさまざまな要因を統制した条件下での反応測定とは違って現実場面での行動が測定できるわけではないが，具体的な場面をシナリオ形式で呈示し，対象者がどのように感じ，どのように行動すると思うかを測定するため，場面想定法と呼ばれることもある。また，調査法では，基本的に回答結果のみをデータとして扱うため，回答に至る対象者の思考過程や，ある回答をした理由などは質問項目に含まれていなければ知ることができない。この他，剰余変数の影響についても事前に検討のうえ，調査内容を決定することが重要である。

調査法は，すべての対象者に実施できるわけではないことも弱みだといえる。調査法では，言葉を用いてさまざまな質問をなげかけるため，言語理解が可能であることが対象者の条件となる。つまり，調査法が適用できる対象者は，質問項目を含むさまざまな文章を読解し，自分にあてはまる回答を選定するという一連の高度な認知的処理が可能であることが前提となる。例えば，発達的にも言語能力を獲得しておらず，自ら質問票に回答することができない乳幼児に調査法を適用することは難しいが，小学生の子どもを対象に調査を行う場合は，子どもが理解可能な文章内容や表現になっているかを注意したり，高齢者を対象に調査を行う場合も，文章呈示の際に視覚的に読みやすく回答しやすい書式になっているかを工夫するなど，調査を実施する際には，各対象者の年齢や特徴に応じた対応が必要である。

この他，調査法は，他の研究法（実験法，観察法，面接法）に比べて，対象者の防衛が働きやすく，虚偽の回答が生じやすい点も弱点だといえる。先にも述べたように調査法では，質問文を読み，内容を十分に理解したうえで自分自身について考え，総合的に回答を決定する必要がある。このような処理過程において，ときに本来の自分をそのまま回答するのではなく，より社会的に望ましい方向に自分をよく見せようという意識が働くことがある。例えば，「嘘をつかない」「ルールは厳守する」といった社会の規範に関する心理状態や言動を測定しようとすると，自分が仮にそのような行動をしていない場合でも「よくあてはまる」と回答してしまうことがある。内に秘めた周りには知られたくない攻撃性の高さや，道徳に反するような態度など，社会的望ましさ（社会の中で望ましいとされる人間のイメージ）が質問項目への回答に影響する可能性があるということである。調査法では，ある質問項目に対する回答が，真意であるのか，あるいは虚偽による回答なのかは，この１項目の反応からだけでは判別できない。そこで，例えばライスケール（lie scale）と呼ばれる対象者の回答の虚偽傾向をチェックする尺度項目を併用し，得られたデータを検討することがある。このように，調査法では，社会的望ましさが回答に影響する可能性を理解したうえで調査する項目内容を精査し，必要に応じた対策をとることも重要である。

2．調査実施に関する手順

（1）サンプリング

研究方法を検討するうえでデータとなる対象者の選定は重要である。研究データの収集を考える際，研究上，想定している人すべてが対象者（母集団）となる。調査対象となる母集団をすべて調べることを全数調査と言い，日本に住んでいるすべての人と世帯を対象とする国勢調査は，全数調査の代表例である。

しかしながら個々の研究では，全数調査を行うことは現実的に難しく，調査対象となる母集団を設定した上でデータを収集する。例えば，日本に住む小学一年生の意識について調査したいと考えた場合，対象者は，日本に住んでいるすべての小学一年生であるが，全数調査の実施はきわめて難しい。そこで，調査対象となる母集団から一部のサンプル（標本）を抽出し，調査を実施する。このように母集団からサンプルを抜き出すことをサンプリング（標本抽出）という。

サンプリングの方法には，大きく2つがある。1つは「無作為抽出法（random sampling method）」，もう1つは「有意抽出法（purposive selection method）」である。無作為抽出法とは，調査対象者を母集団から無作為にサンプルを選ぶことであり，ランダムサンプリング法と呼ばれることもある。無作為抽出法には，母集団のすべてのリストの中から無作為にサンプルを抽出する単純無作為抽出法や，母集団の中から対象とする集団を無作為に抽出し，その中からさらに対象集団を無作為に抽出し，ある程度集団が小さくなった際に，最終的に抽出された集団からサンプルを無作為に選ぶ多段抽出法といった種類がある。しかし，このような無作為抽出法の実施は，現実的には難しい。

無作為抽出法とは反対に，有意抽出法とは，母集団をできる限り代表すると考えられる調査対象者を，研究者が意図的に選出する方法である。有意抽出法では，研究内容に照らし合わせて可能な限り想定する母集団を代表すると考えられるサンプルを選び出すことが前提であり，調査の実施に際しては，選出したサンプルにおいて一般化が可能なデータをいかに収集するかということを重視する必要がある。有意抽出法では，サンプルの特性や限界を考慮し，得られた結果を母集団に過度に一般化しないように注意しながら解釈することが重要である。

（2）調査法の種類

調査を行うためには，調査対象者の選定の他に，どのような方法で実施するかを考える必要がある。調査法にはさまざまな種類があるが，どのような方法を選ぶかは研究目的やサンプリングによって異なるため，各調査法の強みと弱み，コストパフォーマンスを考えた上で総合的に判断することが重要である。

調査法は，大きく個別あるいは集団の２つに分けられる。以下に，代表的な調査法を紹介する。

●面接調査

個別調査のうち，対面で行う面接調査は，調査実施者が調査対象者と直接面接しながら調査票に従って口頭で質問をして回答を記録する方法である。面接調査は，対象者本人の回答を対面で確認でき，回収率の高さが強みだといえるが，面接を行う実施者が必要という点において時間や労力，人件費等のコストがかかることは短所だといえる。また，実施者が複数存在する場合は，対応の仕方や個性，面接スキル等の違いが結果に影響する可能性もあるため，面接の実施に際してはマニュアルを作成して実施方法を統一する必要がある。

●電話調査

面接のように対面はせず，調査実施者が電話をかけて対象者の本人確認を行い，会話を通して回答を記録する方法が電話調査である。

●留置調査

調査実施者と対面や電話での会話をせずに，調査対象者が調査票を持ち帰って個別に回答する手法もある。調査実施者が対象者に調査票を配布する段階までは面接調査と同様であるが，調査票を配布後，一定期間，留置き，その間に調査対象者が回答をする手法が留置調査である。留置調査は，面接のように回答を聞き取る等の実施者側のコストは少なく，再度，調査実施者が調査票を回収するため，比較的回収率も高い。しかしながら，調査対象者が回答した状況等が把握できないことや代理回答，記入ミス等が生じる可能性があるため，これらの点については事前説明等を十分に行う必要がある。

●郵送調査

調査票を郵送で配布し，調査対象者が回答後に返信用封筒等を用いて回収する方法が郵送調査である。面接や留置調査に比べると調査実施者側のコストは少ないが，調査票への記入，調査票の封入と投函という手間がかかるため，回収率の低さが弱点といえる。

●オンライン調査

オンライン調査とは，インターネットを利用してWeb上で質問項目に対して回答する調査法であり，Web調査とも呼ばれる。オンライン調査は，紙媒体ではないが，紙筆版の調査のようにタブレット等を用いて手軽に回答でき，調査対象者の回答をすぐにオンライン上のデータベースに格納できるという簡便で迅速な手法ゆえに利用者が急増している。オンライン調査は，広範な対象者（異なる国や地域に住む人たちなど）に対して調査票を送付することが容易で経費も安価であり，調査対象者が回答することでポイントを得るというシステムを用いている企業も多く存在する。また，回答ミスや回答漏れがある場合は，それらを指摘したり，調査票の回答が完了しないようにプログラム制御することも可能である。この他，質問項目に対する回答だけではなく，画像や動画といった刺激に対する反応を記録することもプログラムによって可能であるため，質問項目に対する反応を測定する調査法という枠を超えて，実験的な手法を融合した研究法としてオンライン調査は発展している。

しかし，オンライン調査にも弱点がある。オンライン調査は他の調査法に比べて，設問を適切に読まずに回答する人たちの割合の高さが指摘されている（三浦・小林，2015ab）。不特定多数に公開するようなオンライン調査では，分析に値するデータかどうかというチェックや結果の解釈等，オンライン調査で起こりうるデメリットを理解した上で，信頼できるデータ収集を可能にするような工夫と対策が必要である。

●集合調査

学校や職場，その他の集会など，集団で行う調査の代表例が集合調査である。調査対象者に一箇所に集まってもらい，調査実施者が対面で説明等を行い，一斉に調査を実施する方法である。集合調査は，一般的には，その場で調査票の配布，回答の実施，回収を行うことが多く，調査の日時や調査時の状況等，調査の手続きを統一でき，一度に多くのデータを回収できる点は大きな強みである。集合調査の際，母集団のほとんどの人が集まっている場合はサンプリングに問題はないといえるが，大学での講義をはじめ，ある調査時点で集まることが可能な人のみを対象にしている場合は，その調査対象者が母集団を代表するデータといえるかどうかという点で注意が必要である。

3. 測定概念の明確化と測定の妥当性

（1）構成概念

心理学の研究では，人の心，あるいは心が関連していると考えられるさまざまな現象を研究対象としている。その際，データとして扱うものは，観察可能な行動の場合もあれば，直接観察することができない心の働きを測定しようと試みることもある。心理学の研究では，それ自体は観察できないものであっても，それによって行動が説明できる概念を理論的に想定して扱うことがある。例えば，感情や欲求，意識，態度といった個人の心理的な要因の中には，観察可能な事象を理論的に説明するために考え出された抽象的なものが多く，このようなある事象の説明や理解に用いられるものを「構成概念（construct）」と呼ぶ。心理学における（心理的な）構成概念は，通常は間接的に直接観察可能な事象への関連を想定した抽象的で，複雑で，ある程度の幅を持った内容であるため，その概念の中身をとらえることは容易ではない。また，観察可能な事象と構成概念との関係は，あくまで想定している理論上のものであるため，関係があるかどうかを検討する上でも構成概念の測定が的確にできていることが大前提となる。

心理学の研究で扱おうとしている変数の多くは，構成概念だといえる。そして，その構成概念を変数として測定することを試み，何らかの行動との関連を検討している代表例が心理尺度の作成や心理尺度を用いた研究だといえる。先にも述べたように，調査法において多く用いられる心理尺度とは測定を行うための道具（ものさし）である。そして，その道具にとって極めて重要なものが，測定しようとしている変数を的確に反映した測定値を生じさせる良質なものであるかという「測定の妥当性」なのである（吉田，2018）。

（2）内容的妥当性

抽象的な構成概念を多く扱う心理学の研究において，その構成概念の定義や測定は容易ではない。しかし，曖昧で多義的な構成概念であっても，“測りたいもの”の概念やその背景について十分に理解する必要がある。測定したいものを明確にしなければ，測定することも研究することもできない。

内容的妥当性（content validity）とは，心理尺度の質問内容が測定したい構成概念に関わる領域全体を過不足なく必要十分にとらえているか否かを示す妥当性である。内容的妥当性の検討は，統計的な処理を行うわけではなく，理論的な考察や尺度作成の手続きに基づいて行われる。心理尺度の作成を例に挙げると，尺度項目が含む語彙や表現，項目が導出されるまでの過程，測定の実施方法等の適切さを総合的に考慮して，複数の専門家による独立した判断や評価の一致から検討することが多い。しかし，構成概念が理論上，想定された抽象的で多義的なものであることを考えると，仮に専門家であっても内容的妥当性の判断は容易ではない。内容的妥当性を検討するためには，測定しようと考えている構成概念の定義が極めて重要になる。その構成概念に下位概念（下位領域）があるのかどうかという構成や関係性についても熟考した上で定義を行う必要がある。

（3）尺度項目の作成と選定過程の重要性

心理尺度の作成の第一歩として重要なことは，測定しようとしている構成概念とは何なのか，なぜその構成概念を測る尺度が必要なのかという点についてよく考え，概念定義と測定内容を明確にすることである。その際，測定したい概念に関する既存の尺度の有無についても入念に情報収集する。とくに，参考になる尺度や作成しようと考えている概念と類似した概念に関する尺度が存在している場合は，なぜ新たな尺度を作る必要があるのかということも含めて十分に議論し，類似点と相違点を明確にする。吉田（2018）は，構成概念について定義する際には，その概念が該当すると考える事がらと，そうではないものの区別，すなわち，その概念の適用範囲に含めるものと含めないものの線引きを示すことが重要だと指摘している。そして，構成概念の定義に基づいて，領域適切性（domain relevance）と領域代表性（domain representativeness）の２つを意識しながら具体的な質問項目の決定を行うことが尺度作成の過程において重要であると述べている。領域適切性とは，項目の内容が構成概念の定義に含まれる範囲内のものかどうかということ，領域代表性とは，項目の内容が測定しようとしている構成概念に関するすべての領域を偏りなくカバーしているかどうかということを意味している。

尺度項目を作成する際，測定したい概念に沿った項目案をできるだけ多く収集することが大切である。一般的には，項目作成は一人ではなく，できるだけ複数のメンバーで行うことが望ましい。それは，たとえ専門家／研究者であっても，一人のみで項目を作成した場合は，非常に偏りのある内容になってしまう危険性が高くなるからである。項目案を出す際には，事前に「どのような概念のもの」を測定しようとしているのかを正確に理解し，情報を共有しておくことが重要である。

多くのアイデアを出し合う具体例として，ブレーンストーミングという方法がある。ブレーンストーミングとは，複数でアイデアを出し合うことによって，より多くの創造的なアイデアを生成する手法である。ブレーンストーミングでは，1）相手のアイデアについて「間違っている」

「正しい」といった判断をしない，2）「良い」アイデアを出そうとする必要はなく，奇抜なアイデアも歓迎する，3）できるだけ「多く」のアイデア出すことを心がける，という3点が留意点である。項目案が出たら，それらをグルーピングして項目の選定を行う。項目案の内容を検討しながら，まず意味が類似しているものをまとめ，小さなグループを作っていく。その後，グループ同士の内容を検討し，類似しているものをまとめていく。これらの作業を繰り返し，いくつかの大きなカテゴリーに分類する。この際，測定しようと考えている概念構成や仮説が明確にある場合は，その基準に従って分類を行う。

演習問題

1．調査法が持つ特徴のうち「弱点」について，他の研究法（実験法，観察法，面接法）と比較して考えてみよう。
2．構成概念を測定しようと試みている心理尺度において重要なことは何かを考えてみよう。

解答のポイント

1．調査法は，因果関係を想定して原因の候補となる要因を操作する実験法と比較すると，ある現象の原因を特定する力は弱いといえる。また，他の研究法（実験法，観察法，面接法）に比べて，調査対象者の防衛が働きやすく，虚偽の回答が生じやすいこと，社会的望ましさが回答に影響する可能性があることも弱みだといえる。
2．曖昧で多義的な構成概念であっても，“測りたいもの”の概念を明確にすること，つまり，構成概念の定義や測定内容を明確にすることが重要である。心理尺度の質問内容が測定したい構成概念に関わる領域全体を過不足なく必要十分にとらえているかどうかを示す妥当性が内容的妥当性である。

引用文献

- 三浦麻子・小林哲郎（2015a).「オンライン調査モニタのSatisficeに関する実験的研究」(社会心理学研究, 31, 1–12)
- 三浦麻子・小林哲郎（2015b).「オンライン調査モニタのSatisficeはいかに実証的知見を毀損するか」(社会心理学研究, 31, 120–127)
- 宮下一博（1998).「質問紙法による人間理解」鎌原雅彦・宮下一博・大野木裕明・中澤 潤（共編）「心理学マニュアル質問紙法」(北大路書房　pp.1-8)
- 吉田寿夫（2018).「本当にわかりやすい すごく大切なことが書いてある ちょっと進んだ 心に関わる統計的研究法の本I」(北大路書房)

参考図書

- 三浦麻子『なるほど！心理学研究法』（北大路書房，2017年）
- 大竹恵子（編）『なるほど！心理学調査法』（北大路書房，2017年）

7 調査法２
――尺度作成の基礎と調査法の実際

大竹恵子

≪目標・ポイント≫　本章の目標は，心理尺度の作成過程の後半として，質問項目の作成と回答方法の選定，調査票の作成について学び，項目選定の基準や心理尺度として重要な要件である測定の妥当性と信頼性について理解することである。また，調査法の実際例としてSD法と経験抽出法を紹介し，調査法を実施するうえで必要な基礎を身に着けることを目指す。
≪キーワード≫　項目作成，回答方法，測定の妥当性，測定の信頼性，SD法，経験抽出法

1．心理尺度の作成過程

（1）尺度における質問項目の作成

６章では心理尺度の作成過程の前半として測定したいもの（構成概念）を明確にし，そこから尺度項目を作成する初期段階での留意点について解説した。続く７章では，尺度作成の次の段階として，いくつかのカテゴリーに分類された項目案から質問項目を選定し，心理尺度を作成する手法について紹介する。項目案を考える際，アイデアとして出された項目案をそのまま採用するのではなく，より“ふさわしい”項目として，言葉遣いや言い回し（これをワーディングという）を工夫し，作り直す必要がある。以下に，項目を作成する際に注意すべき点を紹介する。

●回答形式に合うたずね方になっているか

項目を採用する際には，質問文や回答形式に合致した言い回し，言葉

遣いになるよう注意する必要がある。

●専門用語や解釈が異なる用語を用いていないか

回答者の事前知識にはばらつきがあると考えられるため，項目で用いる用語はなるべく分かりやすい言葉にする必要がある。専門的な用語はなるべく使用しないように，また人によって異なる解釈をされやすい抽象的な表現は避けた方が良い。専門用語や抽象的な表現を使用しなければならない場合には，回答者によって解釈が異ならないよう，教示文や質問文に説明を加える。

●２つ以上のことを一文でたずねていないか（ダブル・バーレル質問）

１つの項目に２つ以上の質問が含まれていないかを注意する必要がある。例えば,「自分の性格や外見に自信がある」という項目があった場合,「自分の性格には自信はあるが，外見には自信がない」という人はどのように回答すればいいのか困惑する。いくつかの項目案から成るカテゴリーから代表的な項目を選出する際，捨てがたい２つ以上の項目案を１つの項目に無理やりまとめようとしてしまうことがあるが, その際には, このような「ダブル・バーレル質問」になっていないかをチェックする。

●回答者にとって回答可能な内容となっているか

回答者にとって回答可能な内容になっているかを確認する必要がある。広く一般的な回答者を想定しているにも関わらず, 特定の属性を持った人にしか回答できない内容になってしまっている場合がある。例えば,「学校の友達と会ったときに幸せを感じる」という項目があった場合,「学校」に通っている人であれば違和感なく回答できるが，それ以外の人は回答できない。特に，尺度作成者（達）の属性が偏っている場合，このような内容の偏りに気づきにくいため，細心の注意が必要である。

この他, 幸せかどうかを測定したいからといって, すべての項目を「あてはまる」と回答した場合に「幸せ」となる方向の項目表現にする必要はない。むしろ，そうしない項目を入れる方が「あてはまる」という傾向に回答が偏ることを防ぐことができる。このような他の質問項目とは測定の方向が逆になっている質問項目を逆転項目という。

以上のように，質問文におけるワーディングの違いは，回答に大きな影響を与えるため，以下に述べる回答方法とも連動させながら慎重に決定する必要がある。

（2）回答方法の選定

心理尺度の回答形式には，単一回答法，複数回答法，一対比較法，強制選択法，評定法，自由記述法などがある（表７－１）。各回答方法にはそれぞれ特徴があり，データ収集後の分析方法も異なってくる。どのような構成概念を扱い，どのようなデータ収集および分析をするのかを考え，研究目的に合致した回答方法を決定する必要がある。

（3）調査票の作成

尺度の項目案と回答方法が決定したら，調査票を作成する。調査票は，できる限り読みやすく，回答しやすいものを作る。調査票全体のレイアウトはどうするのか，文字の大きさは適切であるか，尺度の配置等，調査対象者が心理学の調査に慣れていない場合も想定し，調査票を見ただけで誤りなく回答できるような形式に整える。回答しにくい調査票を作成してしまったり調査票全体の量があまりに多いと，回答者にとって負担となり，回答者の「手抜き」や欠損値の増加につながるため，必要な測定内容と分量のバランスや回答に要する時間等の細部にまで注意を払い，丁寧に調査票を作成し，完成させることが重要である。

調査法は，言葉を用いた質問と回答が可能であれば，比較的，幅広い

表7－1　さまざまな回答方法の種類とその特徴（例）

【単一回答法】質問に対する回答として選択肢の中から1つを選択させる

Q1．以下のうち，あなたが一番「幸せ」を感じるのはどんな時ですか。あてはまる番号に1つ○をつけて下さい。

1．おいしいものを食べた時　　2．友達と一緒にいる時
3．趣味活動をしている時　　4．誰かの役に立った時

【複数回答法】質問に対する回答として選択肢の中からあてはまるものをすべて選択させる

Q2．以下のうち，あなたが「幸せ」を感じるのはどんな時ですか。あてはまる番号にいくつでも○をつけて下さい。

1．おいしいものを食べた時　　2．友達と一緒にいる時
3．趣味活動をしている時　　4．誰かの役に立った時

【一対比較法】選択肢をペアにして比較させ，1つを選択させる

Q3．以下の言葉の組み合わせのうち，あなたが「幸せ」を感じる方に○をつけて下さい。

（友達・食事）　（趣味・家族）　（友達・趣味）
（趣味・食事）　（家族・友達）　（食事・家族）

【強制選択法】強制的にいずれかの選択肢を1つ選択させる

Q4．以下のような意見が2つあります。あなたの意見はどちらに近いですか。あてはまる方に○をつけて下さい。

・一人で趣味活動などの好きなことをしている方が，幸せを感じる
・友達や家族など，誰かと一緒にいる方が，幸せを感じる

【評定法】以下の質問に対して意味的に連続している選択肢の中から1つを選択させる

Q5．あなたは，現在，どの程度「幸せ」を感じますか。あてはまる番号に1つ○をつけて下さい。

1．まったく感じない　2．あまり感じない　3．どちらともいえない
4．少し感じる　　5．非常に感じる

（出典：大竹恵子編著『なるほど！心理学調査法』一部改変）

年齢層に実施できる。例えば，小・中学校といった教育現場で子どもたちや保護者，教職員を対象に行う場合や，病院や福祉施設で利用者やその家族，職員を対象に行う場合もある。とくに，子どもや高齢者を対象とする場合は，視覚的に読みやすく，回答しやすいものを作成することが基本である。調査法を用いる際には，調査の依頼方法や調査用紙・回答形式の工夫，対象者への謝礼やフィードバック等についても注意を払う必要がある。また，調査の同意を得ることはもちろん，必ず倫理的な配慮を行い，それらを調査票の表紙に記載して説明する等，研究倫理指針に基づいた調査の実施が求められる。

2. 尺度における測定の妥当性と信頼性

（1）項目の選定

調査票が完成したら実際に調査を実施し，得られたデータについての概要を把握するために，記述統計量（平均，標準偏差，中央値，最大値，最小値等）を求め，度数分布表を作成し，極端に回答が偏った項目がないかを確認する。心理尺度は道具（ものさし）であるため，さまざまな状況での個人の違いを敏感に測定しうるものでなくてはならない。その意味で，「誰がどのような状況で回答しても結果がほぼ決まっている」ものは尺度項目として相応しくない。極端に対象者の回答が高い得点の方向に偏っている場合を天井効果（ceiling effect），逆に，回答が低い得点の方向に偏っている場合を床効果（floor effect）と呼ぶ。天井効果・床効果は，平均値，標準偏差といった記述統計量や，度数分布から確認することができる。どの時点から「回答が偏っている」とみなすかは，心理尺度の内容やデータの全体的な傾向によって異なるため，一概に基準は示せないが，まずは度数分布によって視覚的に回答の偏りをチェックし，研究目的に応じて判断することが重要である。

項目の回答偏向の確認後，測定の妥当性や信頼性を検討する。その際，構成概念の定義や研究目的に応じて，想定される因子構造が得られるかという因子分析による検討（因子的妥当性の検討）を行うこともある。

（2）測定の妥当性

測定の妥当性（validity）とは，測定したい変数をどのくらい的確に測定できているか，つまり，心理的な構成概念を確かにそれとして測定できているかという測定の有意味性である。

では，どのようなときに「妥当性が高い」と主張できるのだろうか。吉田（2018）は，妥当性が高いことを主張する際の必要条件として，「本来，測定しようとしている変数である構成概念と実際に観測される変数の間に，研究者が想定した通りの特定の（通常は直線的な）関係が明確に存在すること」と述べている。また，もう1つの重要な条件として，「観測変数が本来の測定対象である構成概念以外の変数によって特定の影響を受けていないこと」をあげている。そして，基本的な考え方として，構成概念が直接観測できないものだということを考えると，その測定方法の妥当性についての検討と，その構成概念に関わる理論についての検討は，本来，同時進行せざるを得ないものであるとともに，永遠の課題であるといっても過言ではないということを認識しておく必要があると指摘している。以下に妥当性の分類例を紹介する。

●基準関連妥当性

基準関連妥当性（criterion-related validity）とは，何らかの外的な基準との関連から推測する妥当性である。基準関連妥当性は，どのような変数を基準とするかによって，併存的妥当性（concurrent validity）と予測的妥当性（predictive validity）に分ける場合がある。

外的な基準を，心理尺度とほぼ同じ時点に得られる外的指標とした場合を，併存的妥当性と呼ぶ。例えば，心理尺度による測定結果と，医師による診断や，先行研究で検証されている既存の心理尺度との相関係数を求めることで検討が可能である。ただし，既存の尺度との高過ぎる併存的妥当性は，双方の尺度がほとんど同等であることを意味するため，新たに開発した心理尺度の必要性が疑われてしまうことになりかねないため注意が必要である。一方，外的な基準を，心理尺度の測定よりも事後（将来）に得られる別指標とする場合を，予測的妥当性と呼ぶ。例えば，大学入学時の測定結果と大学卒業時の学業成績や，入社前の適性検査と入社後の勤務評定との相関係数が高ければ，高い予測的妥当性があるといえる。

●構成概念妥当性

構成概念妥当性（construct validity）とは，心理尺度が測定しようとする構成概念とは異なる他の心理的な構成概念との関連から推測する妥当性である。構成概念妥当性は，収束的妥当性（convergent validity）と弁別的妥当性（discriminant validity）に分けることができる。理論的に類似している構成概念が，実際に関連している（相関関係が認められた）場合，収束的妥当性が高いといえる。一方，理論的に異なる構成概念が，実際に関連がない（相関関係が認められなかった）場合は，弁別的妥当性が高いといえる。

以上の基準関連妥当性，構成概念妥当性と，内容的妥当性（６章参照）の３つは，妥当性の三位一体観（trinitarian view）とも呼ばれ，APA（1966）の“*Standards for educational and psychological tests and manuals*”に依拠するものと考えられてきた。しかしながら，これらの妥当性は本質的には区別ができない点もあり，妥当性がこの３本柱によって支えられているという機械的な理解や安易な解釈は危険でもある。妥当性をさまざまなサブタイプに分けてとらえる視点に立つと，妥当性のサブタイプを一通り確認しただけで，心理尺度の妥当性検討についての“みそぎ”が終わったかのような印象をもってしまいやすいため，妥当性に異なるサブタイプを名づけて理解するのではなく，ひとつの構成概念妥当性に統合してとらえることが提言されている（Messick, 1989；村山, 2012）。

（3）測定の信頼性

測定の信頼性（reliability）は，測定の誤差が小さく，測定したい変数を安定して測定できているか，つまり，同じ人に同じ条件で同じ測定を繰り返し実施した場合に，同様の結果が得られるかどうかという測定の精度である。

心理尺度の信頼性を表した数値は「信頼性係数（reliability coefficient)」と呼ばれる。心理尺度の実際の測定値は，測定しようとしている変数そのものの値（真の値）に，測定上の「誤差」を加えた形で構成されている。信頼性係数は，実際の測定値の分散に対して真の値の分散が占める割合を意味しており，最小値が０，最大値が１という範囲をとる。真の値は実際には観測できないものであり，データから“信頼性係数の推定値”を算出する。どのような測定の誤差を対象にするかによって信頼性の検討方法は異なる。以下に，代表的な信頼性の検討方法について紹介する。

●再検査信頼性

同じ人に同じ尺度を用いて測定を行っても，測定のたびに値が異なることがあるのは，さまざまな要因が誤差として働くからである。同じ人に複数回，同一の方法で測定を行った際の誤差を対象とした場合，再検査法（再テスト法：test-retest method）による信頼性を検討する。再検査法では，同一人物を調査対象として，時間間隔をおいて複数回の調査を実施し，得られたデータ間の関連の強さを検討する。具体的には，１回目と２回目の測定値の相関を分析し，相関係数を信頼性係数の指標とする。時間間隔をおいて測定したデータ間の相関係数が高い正の値であれば，その心理尺度による測定からは，時間や回答状況を越えて安定したデータを得ることができると考えられる。

●内的一貫性

尺度項目の中に，他の項目と異なった傾向を持つ項目があると，項目が等質ではなくなる，つまり，測定値の誤差が大きくなる。尺度全体として構成概念を検討した際に，他の項目とは異質の仲間はずれの項目が含まれていると，それが測定の誤差の原因となり，信頼性の低下につながる。反対に，項目が等質な内容で構成されていれば，測定の誤差が小さくなり，信頼性が高いと判断でき，このような信頼性を内的一貫性と呼ぶ。

内的一貫性を検討する方法のひとつとして，平行検査法（平行テスト法：parallel test method）がある。この検査法は，平均値や分散が等質となるようなもう１つの別の尺度を作成して２つの尺度を同じ複数の人に実施し，両尺度間の相関係数を信頼性係数の推定値とする方法である。ただし，心理尺度において平行検査法を試みるということは，新たにもう１つの心理尺度を開発するということに等しい。しかも両尺度を本質的に等価となるように調整しなければならないため，現実的には極めて大きな労力を伴う。そこで，作成する尺度は１つ（のみ）で検討する折半法（sprit-half method）と呼ばれる方法が提案されている。折半法では，心理尺度を構成する複数の項目をランダムな方法で２分割し（例えば，項目の前半群と後半群や，項目番号の奇数群と偶数群など），折半した項目群のそれぞれで合計得点を算出し（逆転項目があれば先に逆転しておく），その合計得点間の相関係数を信頼性係数の推定値とする。折半法では，項目全体が十分な等質性を有しているならば，算出される相関係数の値は高いと想定している。

信頼性係数として有名であり，よく用いられているものがクロンバックの α 係数（Cronbach's coefficient alpha）である。先に紹介した折半法では，各項目の折半の仕方（組み合わせ）によって算出される信頼性係数が変わってしまうという問題点がある。そこで，想定できるすべての折半を行い，１つの心理尺度から多数の信頼性係数を算出し，その平均値から理論的に信頼性係数の推定値を算出したものが α 係数である。α 係数は，項目間の相関係数が大きいほど，また，項目間の相関係数が一定である場合，項目数が多いほど（測定の誤差が小さくなるため）係数の値が大きくなる。近年の心理尺度の信頼性をめぐる議論の中で，クロンバックの α 係数に頼りすぎることへの批判的な意見が増えており（高本・服部，2015；岡田，2015），α 係数の値の大きさのみで内的一貫性が高いという信頼性に関する過大評価をしないことは重要である。

この他の信頼性の指標として，因子分析を行った時の心理尺度の各項目の因子負荷量と誤差分散を用いて信頼性係数の推定値を算出するマクドナルドの ω 係数（McDonald's coefficient omega）がある。α 係数が，尺度の各項目の真値の分散が等しく，各項目間の共分散が等しいという前提条件に基づいているのに対して，ω 係数にはこのような制約ともいえる前提条件がない。すなわち，α 係数は項目数が多ければ多いほど（尺度平均値の誤差が項目数に応じて小さくなるため）高くなるが，ω 係数は項目数の影響を受けない。したがって近年では，α 係数と同時に，項目間の相関係数の範囲や，幅広い状況で適切に信頼性係数を推定することができる ω 係数を併記することが推奨されている（尾崎・荘島，2014）。

（４）測定の妥当性と信頼性の関係

心理尺度における妥当性と信頼性は，それぞれ独立した別個のものではなく，第６章で述べた構成概念の定義や内容的妥当性という測定の妥当性が尺度の中核であり，重要だといえる。吉田（2018）は，信頼性と妥当性の関係について，信頼性についての検討は，妥当性について検討する際の一側面であり，信頼性が低ければ妥当性に問題があることになると述べている。妥当性と信頼性の関係は，第１章の図１－１のようにアーチェリーの的と矢の比喩がよく用いられるが，信頼性が高くなければ妥当性の高さを想定することができないということ，すなわち，「信頼性が高いことは，妥当性が高いと主張する際の必要条件である」といえるが，信頼性が高いからといって妥当性が高いとはいえないということ，すなわち，「信頼性が高いことは，妥当性が高いと主張する際の十分条件ではない」ということである。

3. 調査法の実際

これまで第６章での学びを含めて調査法の基礎と心理尺度の作成過程について学んだ。そこで最後に，調査法の実際例として，SD法と経験抽出法を紹介し，調査法を実施する際に必要な基礎力を身につける。

●SD法

SD法（semantic differential technique／semantic differential method）とは，意味の研究方法として開発されたものである（Osgood, Suci, & Tannenbaum, 1957）。SD法は，大きく２つの特徴を持っている。１つは，回答者が対象概念に抱く印象としてのイメージを測定することができること，もう１つは，印象としてのイメージが，各対象概念および各回答者によってどのように異なっているか／類似しているのかを数量的に示すことができることである。SD法は，簡便に測定でき，結果がわやりやすいという点からも工学や産業領域において多く活用されている。

SD法によって測定しているものは，対象から連想される別の言葉や，対象が生み出す気分・感情を含む情緒的意味（affective meaning）と考えられている。したがって，SD法は，回答者が特定の対象概念に対して抱く主観的な印象としてのイメージを数量的に測定し，分析するために利用されることが多い。Miron & Osgood（1966）は人類すべてに共通する普遍的・根源的な情緒的意味（印象としてのイメージ）の体系が存在すると考え，３つのグループ（次元）：①評価性（evaluation），②力量性（potency），③活動性（activity）を提唱している（表７－２）。

表７－２　３つのグループ（次元）を構成する形容詞対の例

グループ（次元）	形容詞対		
評価性	良い―悪い	好き―嫌い	美しい―醜い
力量性	重い―軽い	大きい―小さい	強い―弱い
活動性	速い―遅い	緊張した―緩んだ	騒がしい―静かな

（出典：大竹恵子編著『なるほど！心理学調査法』一部掲載）

SD法を実施する際には，例えば，“好き―嫌い”“重い―軽い”などといった複数の形容詞対を羅列した調査票を用意する。そして，製品やデザイン，人物や国といった対象概念に対する評定を求める。形容詞対に対する評定は５段階や７段階で行うことが多い。その場合は，評定の中央に「どちらともいえない」という評定語を示し，両端に向かって「やや」「かなり」「非常に」といった評定語を示す場合がある（図７－１）。

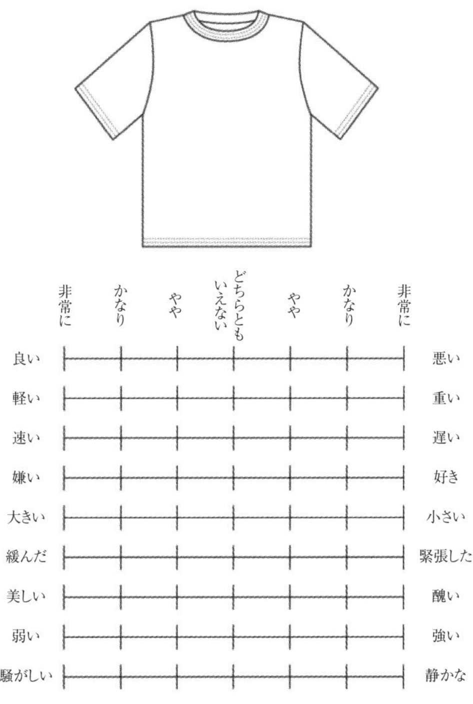

図７－１　対象概念と形容詞対の調査票の例

（出典：大竹恵子編著『なるほど！心理学調査法』）

調査の実施は，個別でも集団でも可能である。SD法によって得られたデータの分析は，対象概念ごとの形容詞対の平均値を算出し，評定結果を数値ではなくプロットと線で書きあらわしたプロフィールとして図示することができる。対象概念の次元から特定の評定結果のみを切り出したり，属性によって分割した結果を並列して示すことも可能であり（図７－２），プロフィールを描くことによって類似しているものとそうでないものが視覚的に理解しやすくなる。この他の分析として，２つの対象概念のプロフィール間の類似度を相関分析を行って検討したり，研究目的に応じて因子分析を行い，多数ある評定項目をいくつかの因子として解釈することもある。

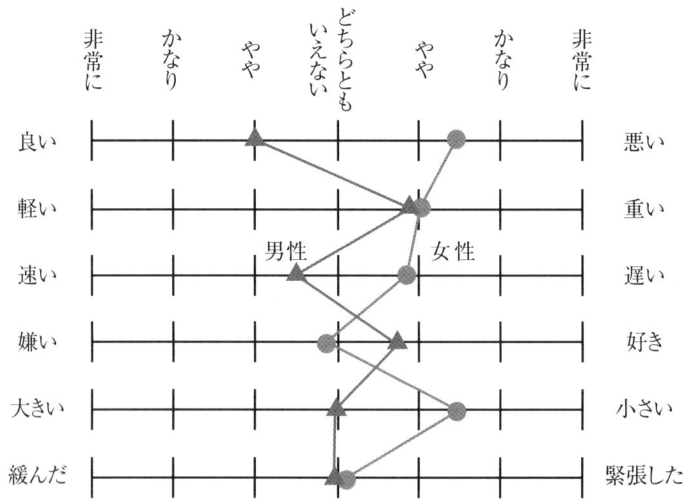

図7－2　男女の結果を比較するプロフィールの例（▲：男性，●：女性）
（出典：大竹恵子編著『なるほど！心理学調査法』一部改変）

●経験抽出法

経験抽出法（experience sampling method：ESM）とは，調査対象者が日常生活で経験しているさまざまな感情や行動といった心の動きを，数日間にわたって一日数回，定刻もしくは無作為な時刻に測定する調査法である。経験サンプリング法と訳されることもあり，生態学的経時的評価法（ecological momentary assessment：EMA）と呼ばれる調査法も同類のものである。また，より短い調査期間と少ない測定回数で実施可能な調査法として，一日再構成法（day reconstruction method:

DRM）や日記法（diary methods／diary recording method）などもある。これらはいずれも，日常生活の中で人が経験する出来事や状況の一部を複数抜き出してサンプリングするという研究手法である。このような一連の経験抽出法では，調査対象者に調査期間と調査内容や回答するタイミング等を説明後，調査を開始し，研究目的に応じた分析と結果の解釈を行う。

経験抽出法の強みは，第１に，他の単発測定を行う調査法と比較して生態学的妥当性（ecological validity：研究結果をさまざまな状況や環境の要因を超えて一般化できる程度）が高いことがあげられる。例えば，心理学における実験は，剰余変数を可能な限り排した実験室環境で研究上の独立変数が従属変数に及ぼす影響を検討することを目的としているが，そこから得られた知見が，人が日常生活を送る環境において現実で起きる現象の予測に役立つのかという疑問が生じる。経験抽出法は，このような問いに対応可能な研究手法として注目されている。第２の強みは，一時的に生じる感情や心理的状態について，その瞬間その場での自己報告や評定を得ることができる点である。第３の強みは，経験抽出法によって得られるデータは時間的解像度が高いこと，すなわち，一日数回の回答を数日間にわたって収集するため，時間的変化や経験前後の状況との相互作用についても検討することができる点である。

一方，経験抽出法の弱みとして調査対象者の負担が大きい点があげられる。経験抽出法では，調査対象者に対して一日に何度もくり返し回答を求め，しかもそれが数日間にも及ぶことがある。これらは調査対象者にとっては多大な労力を要することであり，負担が大きいと回答の途中放棄も懸念される。回答の確保のための方策として，調査報酬の設定や，モバイル端末と組み合わせて実施方法を工夫するなど，簡便で確実にデータが収集できる手法の展開が期待される。

演習問題

1．心理尺度の質問項目を作成する際，ワーディングとして気をつけるべき点を２つあげてみよう。
2．心理尺度における測定の妥当性と信頼性について説明してみよう。

解答のポイント

1．項目を作成する際には，「回答形式に合うたずね方になっているか」「専門用語や解釈が異なる用語を用いていないか」「２つ以上のことを一文でたずねていないか（ダブル・バーレル質問になっていないか）」「回答者にとって回答可能な内容となっているか」等に注意する必要がある。
2．心理尺度における測定の妥当性と信頼性は，別個のものではなく，構成概念の定義や内容的妥当性という測定の妥当性が尺度の中核だといえる。測定の妥当性とは，測定したい構成概念をどのくらい的確に測定できているかという測定の有意味性であり，基準関連妥当性（併存的妥当性，予測的妥当性）や構成概念妥当性（収束的妥当性，弁別的妥当性）がある。測定の信頼性とは，測定の誤差が小さく，測定したい変数を安定して測定できているか，つまり，同じ人に同じ条件で同じ測定を繰り返し実施した場合に，同様の結果が得られるかという測定の精度であり，再検査信頼性や内的一貫性（平行検査法，折半法，クロンバックの α 係数，マクドナルドの ω 係数）がある。

引用文献

- Messick, S. (1989). Validity. In R. L. Linn (Ed.), Educational measurement. 3rd ed. Washington, DC: American Council on Education & MacMillan, pp. 13-104.（メシック, S.　池田 央・柳井 晴夫・藤田 恵璽・繁桝 算男（監訳）(1992). 教育測定学（上巻）(pp. 19-145) みくに出版）
- Miron, M. S. & Osgood, C. E. (1966). Language behavior: The multivariate structure of qualification. In R. B. Cattell (Ed.), *Handbook of multivariate experimental psychology.* Skokie, IL: Rand McNally.
- 村山 航 (2012).「妥当性―概念の歴史的変遷と心理測定学的観点からの考察―」（教育心理学年報，51，118-130）
- 岡田 謙介 (2015).「心理学と心理測定における信頼性について―Cronbachの α 係数とは何なのか，何でないのか―」（教育心理学年報，54，71-83）
- Osgood, C. E., Suci, G. J., & Tannenbaum, P. H. (1957). *The measurement of meaning.* Urbana-Champaign, IL: University of Illinois Press.
- 尾崎幸謙・荘島宏二郎 (2014).「パーソナリティ心理学のための統計学」（誠信書房）
- 高本 真寛・服部 環 (2015).「国内の心理尺度作成論文における信頼性係数の利用動向」（心理学評論，58，220-235）
- 吉田寿夫 (2018).「本当にわかりやすい すごく大切なことが書いてある ちょっと進んだ 心に関わる統計的研究法の本I」（北大路書房）

参考図書

- 三浦麻子『なるほど！心理学研究法』（北大路書房，2017年）
- 大竹恵子（編）『なるほど！心理学調査法』（北大路書房，2017年）

8 観察法 1
——観察データの測定

佐藤寛

≪目標・ポイント≫ 観察データを測定するために必要となる理論と具体的な技法について学ぶ。観察された行動を解析可能なデータとして整理するための技法として，産物記録法や時間見本法といった代表的な測定法について理解する。
≪キーワード≫ 行動観察，時間見本法，産物記録法

1. 観察法とは

（1）心理学における行動観察

心理学では，外側からは見えにくい「心」の働きを明らかにするために，さまざまな研究法が用いられている。観察法はこうした心理学研究法の1つであり，行動観察という手法を通じて人間[1]の「心」の働きを明らかにしようとするアプローチである。

行動観察における「行動」の典型的な例が，外側から観察しやすいふるまいである。たとえば，歩く，鉛筆で字を書く，パンをちぎって食べる，看板を指さす，といったものはすべて外側から簡単に観察することができる「行動」である。加えて「行動」には，外側から観察できない人間の体内で生じるような身体反応も含まれる。たとえば，考え，イメー

1　厳密には，心理学における観察法は動物を対象としたものも含む。

ジ，感情などは外側からは見えにくいものであるが，客観的に観察する手段さえあれば，これらも行動観察の対象となる。

行動観察をする際に重要になるのが，観察の対象となる行動を定義することである。小学校の教室で授業に取り組んでいる子どもの行動を観察する場合を思い浮かべてみてほしい。観察対象となる行動の定義があいまいであると，観察者によって同じ光景を見ても異なる評価をするかもしれない。たとえば，「授業にきちんと取り組む」という行動を観察しようとしても，ある観察者は授業中に挙手をして先生の質問に回答する回数を重視するかもしれないし，別の観察者はプリント課題を解く時間に離席などの授業とは関係ない行動をせずに座っていられる時間を重視するかもしれない。行動観察をする前には，同じ光景を異なる観察者が観察した際に一致度の高いデータが得られるよう，行動の定義を明確化しておかなければならない。たとえば,「授業中に挙手をした回数」「プリント課題実施時間中に着席している時間の割合」など，観察する行動を明確にしておくことで，データ測定のばらつきを最小限にすることができる。

（２）観察法によるデータ測定

観察法によるデータ測定には，①行動を直接的に見ることができる，②行動の変化の実態を理解することができる，といった特徴がある。

観察法は測定対象とする行動を直接的にデータ化することのできる研究法である。行動を測定すること自体は，調査法など心理学の他の研究法でも不可能ではないが,観察法によるデータ測定はより直接的である。たとえば，過去一週間で遅刻した日数について知ろうとした場合，調査法によって「あなたは過去一週間で,遅刻をした日が何日ありましたか」と尋ねて日数の選択肢に○をつけるよう求めることはできる。しかしながら，人間の記憶はあいまいなものであり，本人が誠実に回答しようとしても不正確な回答が得られるリスクは高い。また，測定対象が遅刻のように本人がネガティブに評価されうる場合，本人が意図的に回答をゆがめるリスクも高まる。観察法を用いた場合は，実際に遅刻してくるたびに直接それを記録するため，同様のリスクが生じる確率は相対的に低くなる。

観察法は，行動の変化の実態を理解する上でも優れた研究法である。たとえば,「健康のためにジムに行く回数を増やす」という目標を立てたとする。しかし日によって，時間がなかったり，疲れていたりして，ジムに予定通り行けない日もあるだろう。このような場合,「以前よりもジムに行く回数が増えましたか」と調査法を使って尋ねるよりも，ジムに実際に行った回数を記録しておく方が，ジムに行く回数が増えているのか，減っているのか，変わらないのかを明確にとらえることができる。

一方で，観察法は手間のかかる研究法でもある。たとえば調査法であれば大勢の対象者に一度に回答を求めることができるのに比べ，観察法では１つ１つの行動を測定することになるため，測定にかかる時間は大幅に増える。近年ではウェアラブルデバイスを用いた手法や，画像認識などの人工知能を活用した手法などが開発されており，将来的にこうした観察法の欠点が克服されていくことが期待されている。

（3）行動観察の視点

行動観察を行う際には，研究の目的に応じて①行動の形態，②行動の量，③行動にかかわる時間，④行動の質，⑤行動の機能，といった視点を踏まえるとよい（大対，2018)。①行動の形態とは，観察対象となる行動がどのような「見た目」をしているかを表す。たとえば，教室における課題従事行動を観察する際には，「座席にお尻がついていて，鉛筆を持ち，顔が課題プリントの方を向いている」など，どのような見た目の行動を課題従事行動ととらえるのかを明確にすることをさす。②行動の量とは行動が生起した頻度のことである。たとえば，カウンセリング中のカウンセラーが，観察時間内にクライエントに対して何回言葉をかけたか数える，といった視点などが含まれる。③行動にかかわる時間には，その行動が続いている時間や，何らかのきっかけがあってから行動が生じるまでの時間（潜時）が含まれる。たとえば，ジョギングをしている時間を測定したり，教師が着席を指示してから子どもが実際に着席するまでの潜時を測定する，などの視点である。④行動の質とは，行動の結果としてもたらされる成果を観察するという視点である。たとえば，サッカーのシュート行動を観察する際に，実際のシュートフォームとは別にシュートしたボールがゴールに入ったかどうかを観察するなどがこれに含まれる。⑤行動の機能とは，行動の前後に何が起きていたかを観察の対象に含める視点である。たとえば，子どもが授業中に大声で不適切なことを言うという行動をとらえる際に，その行動がどのような状況（難しい課題が出される，やることがなくて暇，など）で起き，その行動の結果として何が起こったか（課題をやらずに済む，教師や周囲の子どもが反応して注目を浴びる，など）に着目する視点である。

2．時間見本法

（１）時間見本法とは

時間見本法（もしくはタイムサンプリング法）は，観察法における代表的な技法の１つである。時間見本法では観察している時間を一定の時間間隔に小分けにして，それぞれの時間間隔を観察単位とする。ここでは，大学の講義中における私語の観察を行う場合を例にとって考えてみる。講義時間の最初の30分間を５分の時間間隔で分割すると６つの観察単位が設定できる。時間見本法ではこの観察単位ごとに行動の生起の有無を記録するが，記録の具体的な手続きにはさまざまな方法がある。

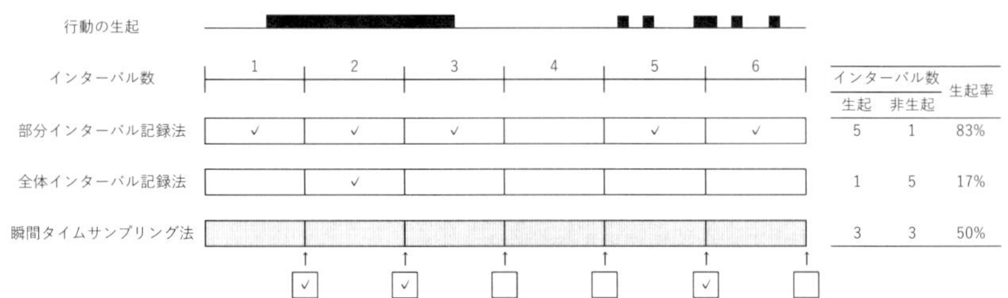

図８－１　時間見本法のさまざまな記録法（田中，2018）

時間見本法の代表的な記録法として，①部分インターバル記録法，②全体インターバル記録法，③瞬間タイムサンプリング法がある。部分インターバル記録法と全体インターバル記録法を合わせて，単に「インターバル記録法」とも呼ばれている。図８－１に，講義時間の最初の30分を５分ごとに６つの観察単位に分割した場合の，各記録法の集計方法を例示している[2]。図中の一番上に示している「行動の生起」で黒塗りになっている箇所は私語が生じている時間帯である。また，「インターバル数」は各５分ずつの観察単位を表す。その下にある「部分インターバル記録法」「全体インターバル記録法」「瞬間タイムサンプリング法」は，それぞれの記録法を用いた際の集計方法である。

部分インターバル記録法では，観察単位となっている時間（ここでは

2　ここではわかりやすく説明するため，どの記録法でも５分ずつの観察単位を例として設定しているが，実際には観察対象となる行動や記録法に応じて時間間隔は異なる。たとえば，部分インターバル記録法や全体インターバル記録法を用いた研究では，時間間隔は数秒～数十秒に設定されることが一般的である。

５分）に行動の生起の有無を観察し，その観察単位の中で一度でも観察対象となる行動が生起するかどうかを記録する。図８－１を見ると，第１インターバルの途中から第３インターバルの途中までにかけて私語が続いていることがわかる。この場合，部分インターバル記録法では第１，第２，第３インターバルのすべてにおいて，行動が生起しているものとして記録する。第４インターバルではまったく私語が生起していないため，記録上も行動は生起していないことになる。第５インターバルと第６インターバルでは断続的に私語が生じていることがわかるが，いずれもインターバル中に私語が生起しているので，行動は生起しているものとして記録する。これらの記録をもとに行動の生起率を算出する。部分インターバル記録法を用いた場合，図８－１に示す通り６つの観察単位のうち５つにおいて行動が生起しているとされ，生起率は83％になる。

全体インターバル記録法では，観察単位となっている時間中ずっと行動が生起していた場合のみ，そのインターバルで行動が生起しているものとして扱う。図８－１の第１～第３インターバルを例にとると，第２インターバルはその間ずっと私語が続いているので，このインターバルでは行動が生起しているものとして記録する。一方，第１インターバルと第３インターバルでは一部私語の生起があったが，インターバルを通じて私語が生じていたわけではない。したがって，第１インターバルと第３インターバルでは行動は生起していないものとして記録することになる。第４インターバルはまったく私語が生起していないので言うまでもないが，第５インターバルと第６インターバルも一部しか私語が起きていないため，記録上は行動の生起なしとして扱われる。以上の記録をもとに行動の生起率を算出すると，６つの観察単位のうち１つで行動が生起していると評価され，生起率は17％と算出される。

瞬間タイムサンプリング法は，各インターバルの終了の瞬間だけ観察を行い，その瞬間の行動の生起の有無を記録する方法である。瞬間タイムサンプリング法ではインターバル内の時間の多くでは観察を行わず，記録をつける瞬間の行動生起の有無を記録する点が特徴である。図８-１を例にとると，第１インターバルと第２インターバルは終了の瞬間に私語が生起しているため，行動が生起したものとする。第３インターバルはインターバルの途中まで私語が続いているが，インターバル終了の瞬間には私語が生じていないため，記録上は行動が生起していないことになる。第４インターバルは私語の生起がまったくないので瞬間タイムサンプリング法でも行動の生起はないと記録される。第５インターバルと第６インターバルはいずれも断続的に私語が生じているが記録上の取扱いは異なる。第５インターバルでは終了の瞬間に私語が生じているため，記録上は行動が生起していることになる。一方，第６インターバルでは終了の瞬間に私語がなく，記録上は行動が生起していないものとして取り扱う。これらの記録から行動の生起率を算出すると，６つの観察単位のうち３つで行動が生起していることになり，生起率は50%になる。

以上のように，同じ現象を観察している場合でも，選択する記録法によって生起率は左右されることがある。観察法を使用する際には，観察対象となる行動の性質や先行研究との比較などを踏まえ，どの記録法が用いられるべきか慎重に検討しなければならない。

（2）時間見本法の実施方法

時間見本法を実施する前に，①観察対象となる行動は何か，②その行動は観察可能であるか，③インターバルの長さと観察時間はどうするか，という点を検討しておく必要がある。観察対象となる行動を定義することの重要性は先に述べた通りであるが，その行動が観察可能でなければ時間見本法は用いることができない。ただし，行動が直接的に観察可能でなかったとしても，行動の産物が観察できる場合には，後述する産物記録法などの他の手法を用いて測定ができる場合がある。加えて，時間見本法を実施する際に，インターバルの長さと観察時間を決めておくことは重要である。

上記３点の検討を踏まえて，観察のための具体的な手続きを決定する。観察者が観察場面に出向いてその場で記録をつける方法もあるが，観察場面をビデオ録画して後ほど記録をつける方法もよく用いられる。記録をつける際にはインターバルの終了を知るための時間管理が必要になるが，時計などを見ながら記録をつけると目線をいちいち時計に向けることになり，やりにくいかもしれない。振動機能がついた腕時計などのウェアラブルデバイスを用いると，視線を時計に向けずに振動でインターバルの終了を知ることができるため，とても便利である。

また，時間見本法の手続きにおいて特に重要なのが，記録用紙の作成である。図８－２は離席行動の観察にインターバル記録法を用いる場合の記録用紙の例である。この例では１つのインターバルを10秒として，各インターバルで離席行動が生起した場合に，該当するマス目にチェックを入れる方式になっている。横一列で60秒＝１分となっており，その次のインターバルからは二列目のマス目にチェックを入れることになる。この記録用紙は部分インターバル記録法でも全体インターバル記録法でも用いることができるが，観察者が記録をつける際に混乱しないよう，記録用紙の中に記録ルールを付記しておくとよい。

離席	10″	20″	30″	40″	50″	60″
1′					✓	✓
2′						

図８－２　インターバル記録法で用いられる記録用紙（田中，2018を改変）

図８－３は授業中の私語の観察に瞬間タイムサンプリング法を用いる場合の記録用紙の例である。この例では１つのインターバルが５分に設定され，各インターバルの終了の瞬間に私語が生起していた場合に私語の有無を記録する方式になっている。図８－３をよく見ると，もし私語があった場合にはその私語が気になったか気にならなかったかを記録するようになっている。一言に私語といってもひそひそ話から大声での談笑まで含まれるものであり，私語の有無を記録するだけでは得られる情報は限られる。この記録用紙には，私語の有無に加えて観察者による私語の評価を含めることで，より多くの情報を観察から得られるような工夫が施されていることがわかる。

※チェックして頂きたいこと
①私語の有無 ⇨ 私語がある場合は，②私語が気になるか

振動を感じた瞬間の私語の様子をあまり深く考えずに観察して、○をつけてください。

	私語の有無	（私語がある場合） 私語が気になるか		備考
11:00	なし ／ あり →	気にならない	気になる	
11:05	なし ／ あり →	気にならない	気になる	
11:10	なし ／ あり →	気にならない	気になる	
11:55	なし ／ あり →	気にならない	気になる	
12:00	なし ／ あり →	気にならない	気になる	

図８－３　瞬間タイムサンプリング法で用いられる記録用紙（佐藤，2018を改変）

記録用紙を作成したら，本観察に入る前に必ず予備観察を実施する。当初はよく計画されていると思われた観察手続きが，実際にやってみると判断に迷ったり，想定通りの測定をすることが困難であったりするこ

とも多い。予備観察を踏まえて手続きを修正し，更新した完成版の記録用紙を使って本観察を実施する。

3. 産物記録法

（1）産物記録法とは

産物記録法はもう１つの観察法の代表的な手法であり，行動を直接的に観察するのではなく，行動の結果として生じた「行動的産物」を観察して記録する手法である。たとえば，喫煙所付近におけるたばこのポイ捨て行動を観察しようとした際に，ポイ捨てされたたばこの吸い殻を数える方法がこれにあたる。本来，最も厳密にこの行動を観察しようと思えば，喫煙所付近に張り込むかカメラを設置するかして，ポイ捨て行動をしている人を見つけ出して数えていくことになる。しかしながら，この方法は非常に手間がかかり現実的ではない。このような場合には，ポイ捨て行動そのものではなく，ポイ捨て行動の結果として生じた吸い殻を「行動的産物」として数える，という産物記録法を用いることが効果的である。

（2）産物記録法の実施方法

産物記録法を実施する前に，①観察対象となる行動は何か，②その行動は観察可能であるか，③その行動は産物を生み出すか，という点について検討する。観察対象となる行動を定義することの重要性は先に述べた通りであるが，産物記録法を実施する前にその行動が直接的に観察可能かどうかを判断する必要がある。観察対象となる行動が容易に直接観察できるのであれば，時間見本法など別の手法を用いた方が適切かもしれない。もし直接観察することが困難な場合は，産物記録法が有効な選択肢となり得る。しかしながら，行動的産物を生み出すことがない行動に対しては，産物記録法を用いることはできない。この場合は観察対象となる行動そのものを見直す必要がある。

観察対象とする行動的産物が決まったら，その行動的産物を記録するための具体的な手続きを決定する。たとえば，ポイ捨てされたたばこの吸い殻を数えるのであれば，どの範囲の地面を観察対象にするか，観察する時間帯は何時ごろにするかなど，異なる観察者が観察を行っても測定結果にばらつきが出ないように手続きを明確にすることが重要である。手続きが決まったら，実際にその手続きに基づく予備観察を実施する。観察の手続きは参照しやすいように，マニュアル化されているとよい。予備観察から得られた知見をもとに手続きを修正し，更新した完成版のマニュアルを用いて本観察を実施する。

演習問題

1. 観察法で測定されたデータは，他の研究法で測定されたデータと比べてどのような長所・短所があるか，具体的に例を挙げて説明してみよう
2. 時間見本法を用いて「スピーチ中に手元の原稿を見てしまう」行動の観察をするとしたら，どのような手続きが考えられるか。自分なりの計画を立ててみよう。
3. 産物記録法を用いることができる行動観察の具体例を考えてみよう。

解答のポイント

1. 調査法と比べた場合，観察法は測定対象となる行動を直接的に測定することが可能であり，行動の変化も追いやすいという長所がある。一方で，観察法は調査法よりも一般に労力がかかるため，多数の対

象者を同時に測定することが難しいという短所を持つ。

2.「スピーチ中に手元の原稿を見てしまう」行動の定義を決めて，異なる観察者が同じように記録をつけられるようにする必要がある。たとえば，「スピーチの最初の発声から最後の発声までの時間において，手に持っている原稿の方向に視線を向ける行動」と定義できる。スピーチ場面をその場で観察するか，ビデオ録画するかも決めなければならない。部分インターバル記録法，全体インターバル記録法，瞬間タイムサンプリング法など，どの記録法を用いるかを選ぶことも求められる。観察単位となるインターバルをどのくらいの時間間隔にするかを決めなければならない。記録法に応じた記録用紙を自分で作成してみると，実際の観察の手続きがより具体的にイメージしやすくなる。

3. 産物記録法を用いるためには，その行動が産物を生み出すものでなければならない。たとえば，違法駐輪行動の産物として違法駐輪している自転車の台数を数える，コンビニに買い物に行く行動の産物としてレシートの枚数を数える，自宅でビールを飲む行動の産物として空き缶の数を数える，などが考えられる。

引用文献

- 田中善大（2018）時間見本法（佐藤寛（編）なるほど！心理学観察法（pp.31-42）北大路書房）

参考図書

- 佐藤寛（編）『なるほど！心理学観察法』（北大路書房，2018年）

9 観察法2
——観察データの解析

佐藤寛

≪目標・ポイント≫ 定量的に測定された観察データを解析するための手法を理解する。観察データの信頼性と妥当性の評価とグラフ化の方法を身につけた上で，観察データに適用される統計解析の実際について学ぶ。
≪キーワード≫ 信頼性，正確性，妥当性，グラフ化，観察データの統計解析

1．観察データの信頼性，正確性，妥当性

（1）信頼性

信頼性とは，同じ事象を観察した際に同じデータが一貫して得られる程度のことを指す。観察の精度の高さと言い換えてもよいだろう。たとえば，同じ人の同じ行動を２名の観察者がそれぞれ観察していたとして，片方の観察者がその行動を「座っている」と判断した場合は，もう片方の観察者も同じ行動を「座っている」と判断することが期待される。両者の判断が一致する程度が高ければ高いほど，得られた観察データの信頼性は高まる。一方で，片方は「座っている」と判断し，もう片方が「座っていない」と判断した場合は，どちらかの観察者が間違えていることになる。両者の判断がずれればずれるほど，その観察データの信頼性は低まると考えられる。

観察データの信頼性を評価する際には，観察者間一致（interobserver

agreement：IOA）を算出することが多い。IOAの算出には，同じ対象者の同じ行動を2名以上の観察者が独立に評価した観察記録を使用する。表9－1は，2名の観察者（A，B）が1名の小学生の授業参加行動をそれぞれ独立に評価した観察記録である。10回のインターバルのうち，6回のインターバルでは2名の観察記録は一致している（第1，4，5，6，9，10）。一方で，4回のインターバルでは観察記録に不一致が見られる（第2，3，7，8）。

表9－1　観察者2名による授業参加行動の観察データ

インターバル	1	2	3	4	5	6	7	8	9	10
観察者A	✓	✓			✓	✓	✓	✓		✓
観察者B	✓		✓		✓	✓				✓

IOAの算出は，(一致したインターバル数）÷（全体のインターバル数）×100の数式に当てはめて，パーセントで数値を求める。したがって，表9－1の観察記録に当てはめると6÷10×100＝60となり，IOAは60%ということになる[1]。

（2）正確性

正確性とは，観察記録と真の値との一致の程度のことである。観察記録はあくまでも観察者によって記録された対象者の行動についての評価であり，真の値ではないことに注意する必要がある。

たとえば，産物記録法を用いて喫煙行動の観察を行う場合に，対象者の個人用灰皿に残されていた一日分の吸い殻を行動的産物として数えたとする。この場合，観察記録には吸い殻の本数が記録されることになり，

1　IOAの算出方法にはさまざまなものがあり，本章で紹介した算出法は厳密には「インターバル別IOA」と呼ばれるものである。

対象者がたばこ何本分の喫煙行動を行ったのかを表す指標として扱われる。しかしながら，灰皿に残されていた吸い殻の数は，必ずしも真の値であるとは限らない。

ここで，灰皿の周囲を定点カメラで録画して，対象者が実際には何本のたばこを吸ったのかを同時に計測することができるとする。この場合，ビデオ録画を通じて直接的に観察された対象者の喫煙行動が真の値である。産物記録法によって計測された吸い殻の本数と，ビデオから判明した吸ったたばこの本数がほぼ一致していれば，産物記録法による観察の正確性は高いとみなすことができる。

しかしそうなると，「ビデオ録画で真の値がわかるなら，なぜわざわざ産物記録法など使う必要があるのか」と疑問に思った人もいるだろう。確かに喫煙行動の真の値はビデオ録画をすれば知ることができるが，一日分の映像をひたすら観察して喫煙行動を数えることは非常に手間がかかる。もし産物記録法による観察と，ビデオ録画による観察にほとんど食い違いがないのであれば，一日の終わりに灰皿をチェックすれば済む産物記録法を用いる利点は大きい。

一方で，もしその灰皿が個人用と言いつつ他の人もこっそり使っていたとすると，灰皿に残された吸い殻の本数とビデオ録画による喫煙本数にはずれが生じるため，産物記録法の正確性は低くなる。このような場合には，灰皿の上の吸い殻を数えるという方法は採用しにくい。

正確性は信頼性や妥当性に比べると，研究において報告される機会が少ない（Kostewicz et al., 2016）。観察対象となる行動によっては，そもそも真の値を知ることが極めて難しい場合もあり，正確性を検証することが不可能な研究も多い。しかしながら，真の値を知り得る可能性がある場合には，全体の中の一部だけでもサンプリングして真の値を測定し，対応する観察データとの一致度を明らかにするなどの方法によって，正確性の検討を行うことが推奨される。

（3）妥当性

妥当性とは，測ろうとしている概念を観察データが適切に反映している程度を指す。妥当性を検討する際の視点は多岐にわたるが（詳しくは道城，2018を参照），ここでは観察法における代表的な妥当性の１つである社会的妥当性を例にとって説明する。

社会的妥当性がよく用いられるのは，観察法を用いた介入効果検証を重視する応用行動分析などの分野である。社会的妥当性は，①介入目標の社会的な重要性，②介入手続きの社会的な適切性，③介入効果の社会的な重要性，といった要素によって構成される（Wolf, 1978）。これらの構成要素に共通するのは，研究上の目標・手続き・効果が実際の社会において実質的な意味のあるものであるかどうかを検証する視点である。

社会的妥当性の検討には，質問紙法や面接法などさまざまな方法が用いられる。たとえば，児童の教室内の問題行動を改善する介入を実施した後に，担任教師に対して「この問題行動を改善することは対象児にとって有意義だったか」「介入は実施しやすかったか」などを尋ねる質問紙を用いることで，社会的妥当性の検証を行うことができる。

2．観察データのグラフ化

（1）グラフの作成

観察データはグラフ化することで，データの時系列的な変化を視覚的に示すことが可能になる。図９－１は，児童が授業中に挙手をして発言をする回数の教育的介入を実施した研究を想定した仮想データである。このグラフを見ながら，折れ線グラフの作成上のポイントを解説したい。

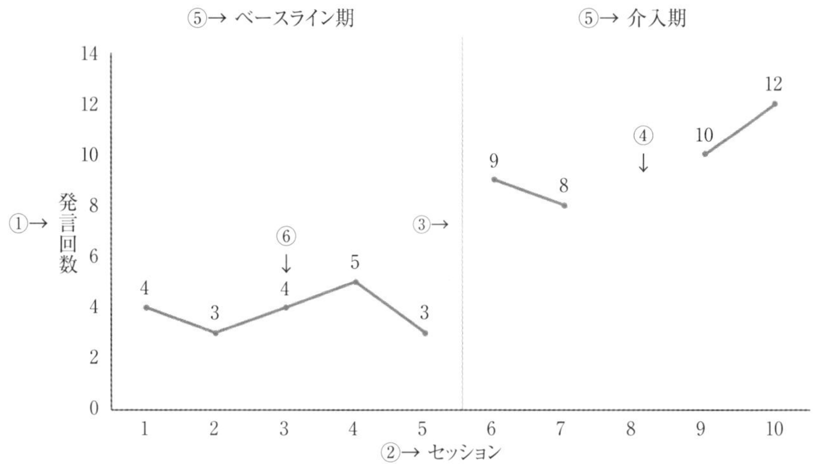

図9－1　観察データの折れ線グラフ作成上のポイント（佐藤，2018）

折れ線グラフの作成上のポイントは，下記の５点である（佐藤，2018）。①～⑤の番号は，それぞれ図９－１の中の該当する箇所に示した番号と対応している。

①縦軸は観察した行動に関する変数（行動の頻度，割合など）を示す
②横軸は時間の経過を示す
③フェイズとフェイズの間は縦線で分け，グラフの線は結ばない
④欠測値があった場合は，グラフの線は結ばない
⑤フェイズには名前をつけ，グラフ上部にそれを明記する
⑥観察データの数値をグラフ上に明記する

縦軸は観察した行動に関する変数を示す（①）。グラフ化する際には観察時に測定したデータをそのまま示すこともあれば，研究目的に合わせて理解しやすいように加工したデータを示すこともある。たとえば，

図９‐１では授業中の発言回数の頻度の実測値が縦軸にとられているが，これはデータをそのまま示している例である。観察する時間が毎回一定である場合であれば，実測値をそのまま示しても差し支えない。一方で，観察する時間が機会によって変動する場合には，実測値を観察時間で割ってパーセントなどの割合で示す方が適切かもしれない。

横軸は時間の経過を示す(②)。図９‐１の例では，たとえば週に１セッションずつ観察機会を設定し，セッションごとの発言回数がグラフに示されていると考えれば理解しやすい。最初の観察機会がセッション１，２回目の観察機会がセッション２…と進み，最後の観察機会が右端のセッション10ということになる。

フェイズとフェイズの間は縦線で分け，グラフの線は結ばない（③)。フェイズというのは，何らかの意味のある時期のまとまりのことである。たとえば，図９‐１では「ベースライン期」「介入期」という２つのフェイズがある。「ベースライン期」に示されているのは介入を始める前の時期における発言回数のデータの変動である。また，「介入期」に示されているのは介入を実施している時期における発言回数の変動である。このように，グラフをフェイズごとに区切ることで，介入のような研究上の操作によって観察データに変化が起きたかどうか，という対応関係をわかりやすく示すことができる。

欠測値があった場合は，グラフの線は結ばない（④)。欠測値とは，本来であればデータを得られる予定であったが，何らかの理由でデータをとることができなかった観察機会のことである。欠測値があることが一目でわかるように，欠測値があったところは空けておくようにする。

フェイズには名前をつけ，グラフ上部にそれを明記する（⑤)。図９‐１では「ベースライン期」「介入期」という名前がそれぞれのフェイズにつけられている。「ベースライン期」というのは介入をまだ始めていないフェイズにつけられる一般的な呼び方であり，介入の効果を判断する際の基準となる。「介入期」は介入を行っているフェイズであり，これも一般的な呼び方である。

それぞれの観察データの数値はグラフ上に明記する（⑥）。かつては観察データの数値を明記しないグラフが用いられることもしばしばあった。しかしながら，科学論文においてグラフが示す数値を明記することは重要であり，観察データにおいてもこれは例外ではない。

以上のポイントを踏まえて折れ線グラフを作成すると，観察データの時系列的な変化をわかりやすく示すことができる。また，フェイズが区切られて示されていることで，介入の有無による観察データの変動も一見して理解しやすい。

（2）グラフの視覚的分析

観察データの折れ線グラフを検討する際には，グラフの視覚的分析を行う。ここでは，最も重要なフェイズ間のデータの変動に着目した視覚的分析のポイントを解説する。

第一に，フェイズ間のデータの高さの比較を行う。図９-２も授業中の積極的な発言回数を増やす介入を実施した際の観察データであるが，フェイズ別に平均値のところに点線を引いている。２つのフェイズの平均値を比較すると，介入期の方がベースライン期よりもデータが高い数値で推移していることがわかる。授業中の積極的な発言回数は増えた方がよいことが想定される行動であることから，この介入は成功していると考えられる。

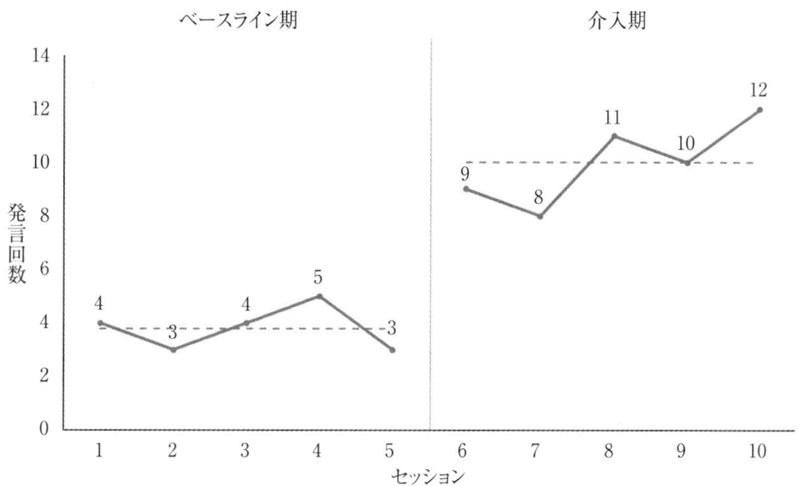

図９－２　フェイズ間のデータの高さの比較（佐藤，2018）

第二に，データの傾きの検討を行う。図９－３は授業中の離席回数を減らすことを目的とした介入研究の観察データである。離席回数は少ない方が望ましいが，上部の図を見るとベースライン期の中でも離席回数はやや増加傾向にあったことがうかがわれる。介入期に入ると離席回数は減少しており，この介入は効果があったと考えられる。下部の図ではベースライン期よりも介入期の方が離席回数は多くなっている。「介入のせいで悪化した」と解釈できるかもしれないが，ベースライン期のデータの傾きを見ると，そもそも離席回数は増加傾向にあり，それが介入期に入ってもそのまま続いているようにも見える。こちらの介入は観察データにほとんど影響がなかったというのが真相だろう。

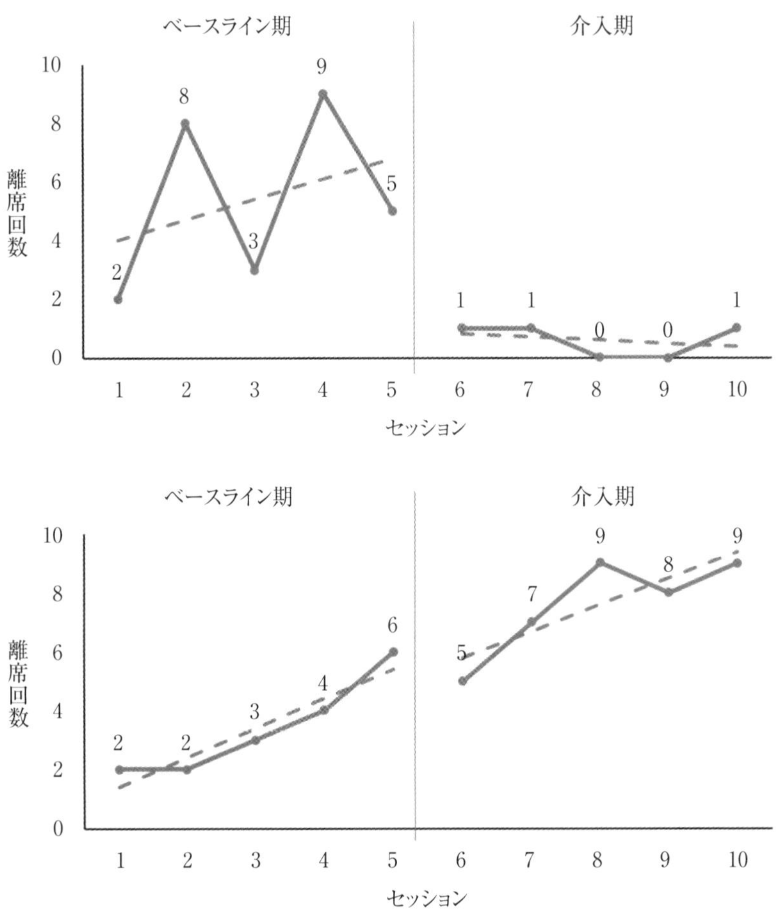

図９－３　データの傾きの検討（佐藤，2018）

グラフの視覚的分析には，データの高さや傾きの他にも，変化の即時性（介入後すぐにデータが変化したか），データのばらつき，データのオーバーラップなど多角的な評価が求められる。

(３) 変化の判定のためのデザイン

観察対象となっている行動が介入によって変化するかどうかを検討する研究では，一事例実験デザインがしばしば用いられる。一事例実験デザインで着目されるのは，介入などの「独立変数」によって，観察対象である行動，すなわち「従属変数」が変化するかどうかという点である。一事例実験デザインの中にはさまざまなタイプのデザインが含まれるが，ここでは代表的な「ABABデザイン」と「多層ベースラインデザイン」を解説する。

ABABデザインの例を図９－４に示した。このデザインでは，最初にベースライン期で基準を測定した上で，介入期において行動の改善があるかどうかを見る。しかしながら，ベースライン期と介入期を一回切り替えるだけでは，行動の変化が偶然起きただけかもしれない。そこで，もう一度ベースライン期に戻して，行動が元に戻る方向で変化するかどうか検討する。その後でまた介入期を導入して，行動がやはり改善することを確認する。ベースライン期を「A」，介入期を「B」としたときに，これを交互に繰り返すので「ABABデザイン」と呼ばれている。ABABデザインではフェイズの切り替わりが３回あるが，このすべてで仮説通りのデータの変化が認められることで，独立変数と従属変数の間に機能的な関係があることが示される。

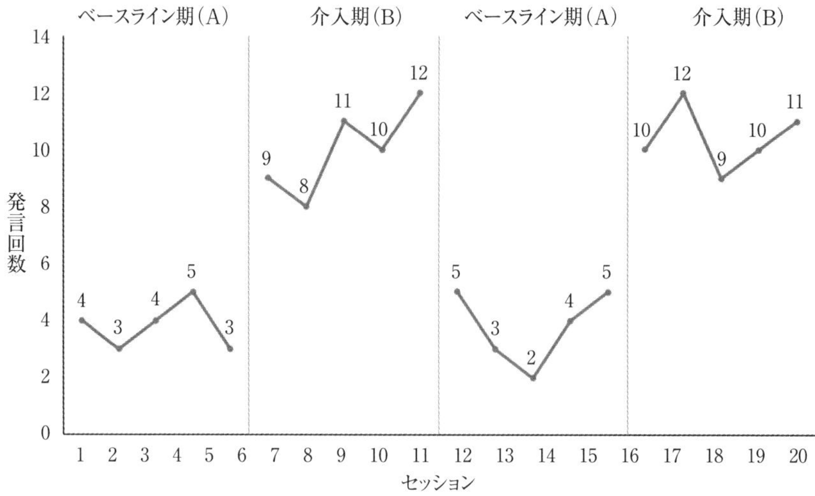

図9－4　ABABデザイン（佐藤，2018）

多層ベースラインデザインの例を図9－5に示す。この例では掛け算の九九の正答率を高めるための介入を3名の児童（対象児A，B，C）に行っている。対象児ごとにベースライン期と介入期を設けて，介入期に九九の正答率が高まるかどうかを検討しているが，介入期の開始時点が対象者ごとに異なっている点に注目してほしい。このように介入期のスタートをずらすことで，観察対象となっている行動の変化が介入によってもたらされたのか，それとも時期の要因や偶然などの他の理由によってもたらされたのかを検証することができる。図9－5のように介入期を導入するタイミングで行動の変化が起きることが繰り返し確認されれば，介入によって行動の変化が起きたと考えることができる。

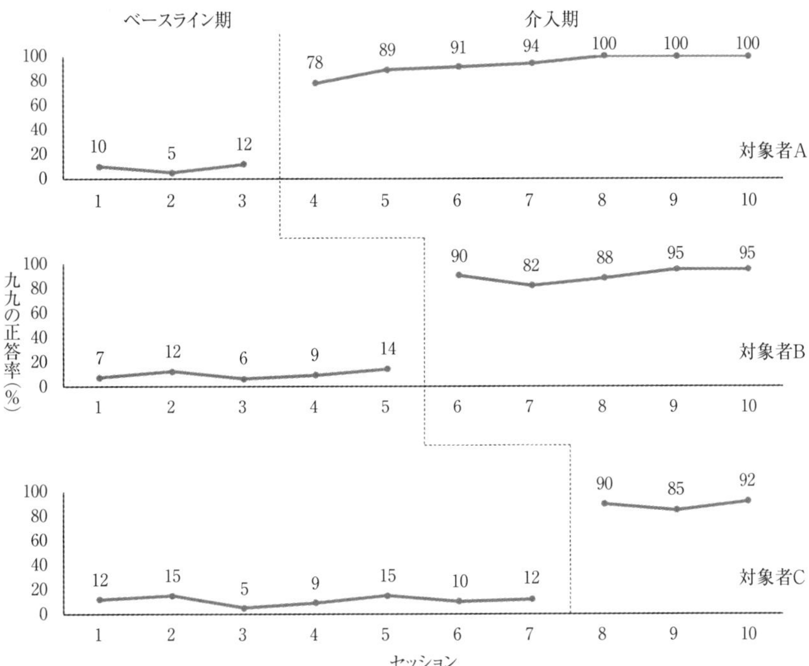

図９-５　多層ベースラインデザイン（佐藤，2018）

3. 観察データの統計解析

（１）一事例実験デザインのための統計的検定

ここまで紹介してきたグラフの視覚的分析にしばしば指摘される欠点が，データの解釈のばらつきである。２つのフェイズ間の差が明瞭である場合には誰が見ても「変化はある」と結論づけられるが，一見して差がわかりにくい場合には，研究者によって結論が食い違ってしまうかもしれない。

一事例実験デザインのための統計的検定は，２つのフェイズの間に統計的に有意な差が認められるかどうかを検討するための手法である。一事例実験デザインのための統計的検定にはさまざまな手法がある。これらの手法にはそれぞれ長所と短所があるが，本章では代表的な手法であるTau-U（Parker, Vannest, Davis, & Sauber, 2011）について解説する。

（２）Tau-Uを用いた統計解析

Tau-Uは順序尺度の統計を一事例実験デザインのデータ解析に応用した手法である。手計算を行おうとするとやや高度な統計的知識を必要とするが，現在では“Tau-U Calculator”と呼ばれる無料のWebアプリ[2]で簡単に実施できる。

図９－６は“Tau-U Calculator”の実際の画面である。この画面の例では，まず左端の列ラベルに“B（Baselineの意味）”と名前をつけて[3]，その下にベースライン期のデータを縦方向に入力している。次に，左から二番目の列ラベルに“I（Interventionの意味）”と名付け，その下に介入期のデータを縦方向に入力している。最後に，“B”と“I”のラベルの隣にあるチェックボックスに両方ともチェックを入れて，少し上にある“contrast”ボタンを押すと，解析結果が出力される[4]。

図９－６の下の方に“Results”として解析結果が示されているが，注目するのは“B vs I”と見出しがついている行である。“TAU”の値が統計量であり，ここが正の値であればベースライン期から介入期にかけてデータの数値が高まっていることを意味する。加えて，“P Value”と

2　http://www.singlecaseresearch.org/calculators/tau-u
このURLは非SSLなのでアクセスを推奨できません。
Tau-Uの分析方法の詳細は山田（2020）が詳しい。
https://www.jstage.jst.go.jp/article/jsbse/25/0/25_35/_article/-char/ja

3　ラベルの名前は任意でつけてかまわない

4　このとき，“correct baseline”にチェックを入れると，ベースラインの傾きの影響を統計的に調整することができる。

いうのは有意水準のｐ値を表しており，ここが５％（0.05）を下回っていれば２つのフェイズの間の差は統計的に有意であることを示す。

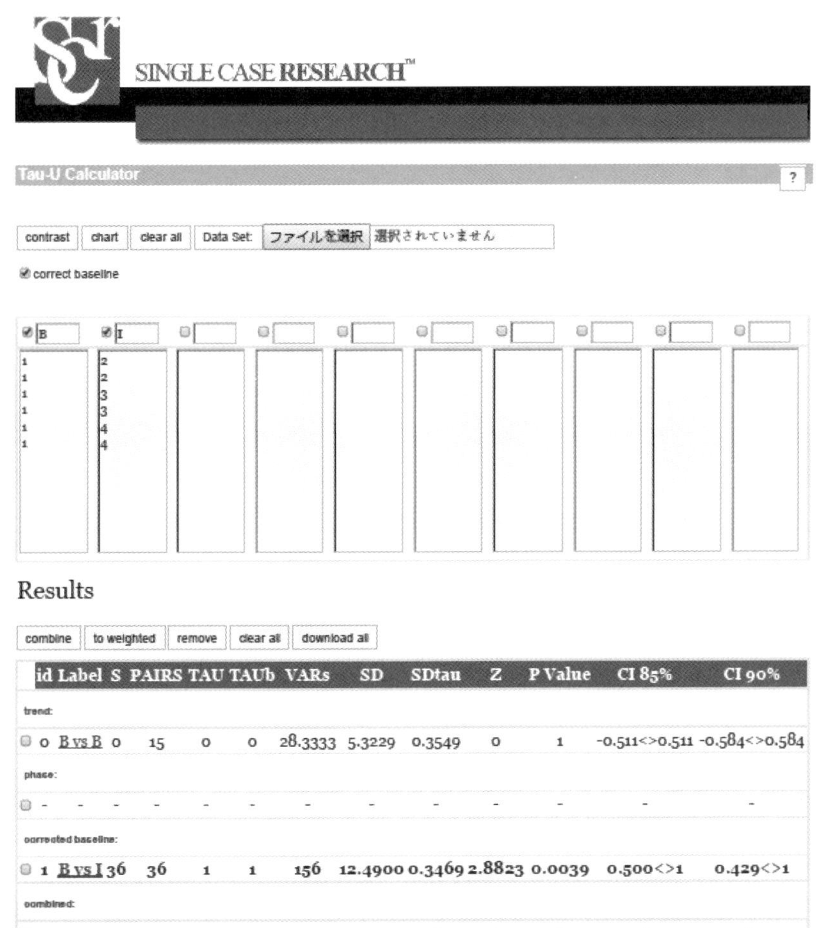

図９－６　“Tau-U Calculator” のアプリケーション画面

演習問題

1．観察データをグラフ化する際に，縦軸の目盛りを設定する時の注意点を考えてみよう。
2．多層ベースラインデザインとTau-Uを組み合わせることは可能か，考えてみよう。

解答のポイント

1．縦軸の目盛りを変えると，グラフから受ける印象はかなり変わってしまう。これを悪用するとグラフの視覚的分析を意図的に歪めることもできてしまうため，データがとりうる範囲に合わせて縦軸の目盛りを設定することが重要である。
2．たとえば，３名の対象者にベースライン期と介入期を設定して，介入を開始するタイミングを３名とも変えるような多層ベースラインデザインを考えてみる。ここで知りたいのは「３名ともベースライン期と介入期の間に統計的に有意な差が認められるか」という点であり，３名の対象者についてそれぞれTau-Uを用いた検定を実施することができる。

引用文献

- Kostewicz, D. E., King, S. A., Datchunk, S. M., Brennan, K. M., & Casey, S. D. (2016). Data collection and measurement assessment in behavioral research: 1958-2013. Behavior Analysis: Research and Practice, 16, 19-33.
- Parker, R. I., Vannest, K. J., & Davis, J. L. (2014). Non-overlap analysis for single-case research. In T. R. Kratochwill & J. R. Levin (Eds.), Single-case

intervention research: Methodological and statistical advances（pp. 127-151）. Washington, DC: American Psychological Association.

- Wolf, M. M.（1978）. Social validity: The case for subjective measurement or how applied behavior analysis is finding its heart. Journal of Applied Behavior Analysis, 11, 203-214.
- 道城裕貴（2018）観察データの信頼性と妥当性（佐藤寛（編）なるほど！心理学観察法（pp.74-90）北大路書房）

参考図書

- 佐藤寛（編）『なるほど！心理学観察法』（北大路書房，2018年）

10 面接法 1
——臨床的面接法

米山直樹

≪目標・ポイント≫　セラピーやコンサルテーションといった臨床心理学的支援において，カウンセリングに代表される臨床的面接法は中核的な位置を占めている。支援者は面接を通じてクライエントの悩みや問題を把握するだけでなく，クライエント自身がどのような人物なのかをアセスメントする作業も行う必要がある。その際，焦点を当てるのは言語的側面だけでなく，表情や仕草といった非言語的な側面も含まれる。本章では，臨床的面接法の理論的背景や面接スキルについての基礎的知識の獲得を目指す。

≪キーワード≫　ラポール，マイクロカウンセリング，非言語的コミュニケーション，事例研究

1. 臨床的面接法とは

既に第2章でも述べられているように，面接法には調査的面接法と臨床的面接法という2つの方法がある。この2つの方法の最も大きな違いは，面接動機が面接者にあるか被面接者にあるかという点である。何かしらの研究目的をもって面接を実施したいと考えたとき，その動機は面接者にあるのに対し，被面接者が自身の抱える問題を解決したいとして面接に訪れたとき，その動機は被面接者にある。このうち，後者の面接において実施されるのが臨床的面接となり，そこで実施されるのが臨床的面接法ということになる。そして，一般にはこうした臨床的面接における面接者のことをカウンセラーないしセラピストと呼び，被面接者の

ことをクライエント（来談者の意味）と呼ぶ。

面接者であるカウンセラーやセラピストは，クライエントが語る問題を傾聴しつつ，自身が背景とする臨床心理学的視点から問題をアセスメントし，問題解決に導くための援助を行う。臨床的面接では，クライエントがどのような問題を抱えているかは実際に話を聴くまではわからないので，面接者は多様な傾聴技法を駆使してクライエントから話を引き出す。また全てのクライエントが理路整然と自分が抱える問題を語ることができる訳ではなく，混乱や興奮状態にある時や，発達的特性や症状によって言語的コミュニケーションをうまく取れない場合もある。そのため，面接者はクライエントの話の内容だけでなく，話の展開や語彙といった言語的側面の他，表情や視線あるいは仕草といった非言語的コミュニケーションの様子，服装や化粧といった外見的特徴などを注意深く観察し，問題の理解とクライエント自身およびクライエントが置かれた状況などについてアセスメントを行っていくことになる。

通常，臨床的面接は①情報収集とアセスメント，②見立て，③介入計画・支援計画の立案，④介入・支援の実施，そして①に戻るといった形で循環的なプロセスで進められていく。特に①情報収集とアセスメントのうち，面接初期において継続的な面接の実施が適切か否かを判断し，受理を決定する臨床的面接をインテーク面接と呼び，臨床的面接の中でも極めて重要な位置づけがなされている。なお，精神疾患の診断のために行われる臨床的面接のことを精神科診断面接と呼び，構造化面接法で行われる精神疾患簡易構造化面接法M.I.N.I.（The Mini-International Neuropsychiatric Interview; シーハン・ルクリュビュ　大坪・宮岡・上島訳 2003）や半構造化面接で行われるSCID-5-CV（Structured Clinical Interview for DSM-5 Disorders, Clinical Version; First, Williams, Karg & Spitzer, 2015）が代表的なものとして挙げられる。

次の②見立てに関しては，近年，臨床心理学的支援における実証に基づく実践（evidence based practice: EBP）が奨励されるようになってきており，その中でもケースフォーミュレーションが特に重要な臨床的技能の一つとして挙げられている。ケースフォーミュレーションとは，クライエントが抱える問題について，①いつ生じ，②どのように変化し，③なぜ現在も維持され続けているのか，を明らかにする手続きのことであり，精神科治療を目的として診断名を付与する行為である医学的診断とは異なるものとされている。ケースフォーミュレーションによって作られる見立ては，あくまでも仮説であり，その後の介入的面接において，新たな情報が入手できたり，十分な介入効果が認められなかったりした場合には，その都度仮説を修正していくこととなる。この際，注意すべきは仮説の内容を心理的要因のみに限定しないということである。クライエントが抱える身体的，遺伝的影響といった生物学的要因や，経済的問題や職場内，家庭内の人間関係といった社会的要因も本人の状態に大きな影響を及ぼす可能性がある。そのため，ケースフォーミュレーションでは，生物（bio）－心理（psycho）－社会（social）モデルという３つの要因とそれぞれの相互作用からなる仮説生成が求められる。

以上述べてきたように，臨床的面接ではインテーク面接から介入・支援の実施に至るまで，複数の段階を経て面接が続けられていくことになるが，こうした作業を行う上で一貫して必要となる要素がある。それは，守秘義務や面接者とクライエントの役割を確認する面接構造の設定，面接者とクライエントを繋ぐラポールという関係性の構築，そして適切にクライエントの話を引き出し展開させる面接技法である。次にそれぞれの要素について見ていく。

2. 臨床的面接法において必要な要素

（1）面接構造の設定

臨床心理学的支援の有効性に関するメタ分析の結果は，面接者とクライエントの良好な関係がセラピーの有効性を高めることを示している。こうした良好な関係を築くためにはまず面接構造をしっかりと形成しておく必要がある。これはクライエントが安心して自分の問題を話すことができる状況を作るだけでなく，面接者側も十分な能力を発揮できるように自らを保護する状況を作ることにも繋がる。つまり，面接構造を設定することは，面接者とクライエントの役割を規定し，その関係性を保護するとともに，結果的に双方を守ることになるのである。また，面接構造は時間，料金，場所といったハード面の枠組みと，面接におけるルールや守秘義務に関する約束といったソフト面の枠組みに分けることができる。以下にそれぞれの具体的な枠組みの内容を見ていく。

①　ハード面の枠組み

ハード面の枠組みとは，遵守を基本とする約束事としての枠組みと面接場所などの物理的な構造を含むものである。たとえば，面接時間や面接頻度などが代表的なものとして挙げられる。臨床心理学的支援の面接時間としては１回45分から50分で設定されることが多い。これは60分を区切りとして考えたとき，次の面接が開始されるまでの10分から15分で面接記録や準備を充てることが多いためである。しかし子どもや身体的疾患をもつ人がクライエントとなる面接では50分近くの面接時間は長すぎるかもしれない。また，スクールカウンセリングなどで児童生徒を対象とした面接を行う場合には，休み時間や放課後といった時間的制約などから，20分ないし30分程度の面接となることもある。一方，インテーク面接では情報収集の必要性などから，90分など長めの時間を確保することが多い。

面接頻度については，曜日でスケジュールを組んでいる人が多いことから，毎週や隔週の決まった時間で設定する方がクライエントとしても予定を組みやすいようである。また決まった曜日・時間に設定することで，面談のリズムができ，面談予定を忘れたり，他の予定を入れてしまったりすることを避けることもできる。

支援者や業種によっては，いつでも困ったときに携帯電話等で相談を受け付けられるようしている場合もあるが，臨床心理学的支援においては，基本的に面接時間や面接頻度が定められた後は，その時間枠を守るようにすることが大切だとされている。たとえばクライエントにとって何かしらの問題が生じた際に，支援者にいつでも連絡を取れる状況を作っておくことは，逆にクライエントの依存性を高めることとなり，クライエント自身の問題解決能力の醸成を阻むことになってしまう。また支援者側にとっても，すぐに対応できない状況であったり，他のクライエントに集中できなくなってしまったり，常に緊張状態を強いられるため疲弊してしまったりするなどの問題が生じ，当該クライエントに対しネガティブな感情を抱いてしまう恐れがある。時間枠を設定することで，むしろ面接者は目の前のクライエントに集中することができ，安定した関係を維持することができるようになる。なお，多弁なクライエントの中には話し足りないといって時間延長を申し出てくる者がいるが，こうした急な時間延長を認めてしまうと時間という枠組み自体が崩れてしまい，クライエントの都合で時間枠を変えてしまう傾向を助長してしまう恐れがある。余程の緊急事態でない限り，時間枠を守ることはとても重要である。

また，面接料金もハード面の枠組みに含まれる面接設定である。基本的に教育や福祉などの公的な相談機関では無料で相談を行うことがほとんどであるが，個人開業の心理相談室，クリニック等の医療機関ではある程度の料金を徴収することが多い。無料の場合，経済的に苦しかったり，臨床的面接の効果に懐疑的で二の足を踏んでいたりするクライエントにとっては，敷居が低くなり来談に繋がりやすくなるかもしれない。また，第三者が臨床的面接を勧める場合なども，無料ということで「一度相談してみては」との提案がしやすくなるだろう。一方，こうした面談申し込みの気安さが逆に臨床的面接の効果を薄めてしまう可能性もある。ある程度の料金を支払うことは，臨床的面接に対する動機づけを高める効果があるとされている。また料金が発生することで，臨床的面接の目的が明確化され，所定の時間枠の中での面談を効果的に進めることができる。これが無料の場合だと，逆に雑談に時間が費やされても，「もったいない」という感覚は抱かれにくい。また，面接者側にとっても面接料金を受け取ることで，専門職としての責任と義務を再認識させる効果をもつ。さらに面接料金の存在が面接者とクライエントとの関係を個人的なものではなく，あくまでも仕事の上での関係であると双方に認識させ，支援者－被支援者という上下関係を対等なものにすることができる。

時間枠，料金設定の他に場所の設定も面接設定として重要な要素である。多くの場合，臨床的面接はクライエントが面接者の指定する場所まで赴き，実施される。したがって面接者はクライエントが来室するまでに面接室のセッティングをしておく必要がある。臨床的面接を実施するのに望ましい場所としては，面接室そのものが面接者およびクライエントにとって安心して会話に集中できる環境にあることである。スクールカウンセリングなどで学校内の面接室を使用する場合になった際に，他の児童生徒が見ている状況で部屋に入ることは難しいかもしれないし，部屋の仕切りが薄く，隣の部屋の声が響くような状況では，クライエントも安心して自分の悩みを語ることはできないだろう。また，緊急事態に面接者とクライエント双方の安全が確保されるような環境を整えておくことも必要である。興奮状態のクライエントに危害を加えられるような事態は避ける必要があるし，またクライエント自身が他害行為を犯すことがないように面接室の構造も考えておかなくてはならない。そうした意味において，部屋のセッティングだけでなく面接者とクライエントのどちらがドアに近い席に座るかという座席の位置関係も十分に考える必要がある。

② ソフト面の枠組み

ソフト面の枠組みとは，臨床的面接におけるルールをどのように定め，守っていくかを決めるものであり，治療契約とも呼ばれるものである。たとえば，面接の目的を定めるだけでなく，そこで話し合われる問題をどのような順番で取り上げていくのかについてや，面接内容についての秘密を守るというだけでなく，何を秘密とするのかなどを面接者とクライエントの双方で話し合い同意していく。どのような話題から話し合っていくのかを決める枠組みの設定を場面構成と呼ぶこともあるが，問題解決に向けての行程表を決めてお互いに認識しておくことで，面接における話題が脱線したり，現時点で扱うべき問題を明確化したりすることができるようになる。またこうした場面構成は，インテーク面接から終結までの臨床的面接全体の流れについて行われるときと，その日のセッション内で話し合われる内容とその順番について行われるときの２つがある。

臨床的面接全体の流れについての場面構成は，面接初期において実施されるインテーク面接とそこで得られた情報に基づくアセスメントとケースフォーミュレーションの結果をクライエントに伝える際に行うこととなる。そこでは今後の見通しと，どのような臨床心理学的援助を行っていくかについて説明し同意を得ることになる。この際の説明と同意がインフォームド・コンセントと呼ばれる行為である。そもそも臨床心理学の専門家である面接者とクライエントでは，知識に大きな開きがあるため支援内容も一方的に面接者が決めてしまう恐れがある。そこで，十分に支援内容を説明することで，クライエントが自らの自由意思で援助を受けることを決め，同意してもらう手続きを踏む必要がある。クライエントに同意を得たのちに，面接者は当初説明したとおりに臨床的面接を継続していくことになる。

一方，その日のセッション内で話し合われる内容や順番に関する場面構成は，決められた時間を有効に使うために行われる。当日の面接までに何か問題が生じ，それについて話し合いたいとクライエントが考えていたにも関わらず，あらかじめ同意していた話題ではないといって，全く取り上げないのも問題であろう。ただし，毎回話題が変わってしまっていたら，一向に当初定められた問題を扱うことができなくなる。そのため，ある程度の枠を決めて各話題を取り上げていくことが効率的と言える。また，クライエントの感情を非常に揺さぶるような内容を取り上げる場合には，面接終了直前までその話題を扱うと，クライエントは感情を高ぶらせたまま退室することになる。そのためある程度のリカバリーの時間を逆算して話題を取り上げるなどの工夫も必要となる。

臨床的面接全体の流れについての場面構成もセッション内で話し合われる内容や順番に関する場面構成も，最初に決めたものを絶対に破ってはいけないとまで堅く捉えるべきではなく，あくまでも原則というスタンスで扱った方が良い。臨床的面接を進めていく中で新たな事実の発覚やケースフォーミュレーションの見直しといったことは良く生じることであり，ある程度は柔軟かつ臨機応変に対応することが求められる。

ソフト面の枠組みとしては，場面構成の他に職業倫理に関するものがある。インフォームド·コンセントも職業倫理に含まれるものであるが，それ以外にも多重関係の禁止や守秘義務の遵守といったものが挙げられる。多重関係とは面接者とクライエントという関係性以外の関係性（例えば成績評価権をもつ教師とその生徒，友人関係，恋愛関係，親戚関係，取引相手等の利害関係など）をもつことを言う。こうした多重関係をもつと，面接者側がクライエントを搾取する関係につながりやすいとされている。また，面接者側も客観的視点を持ちにくくなったり，クライエント側も自分の問題を話しにくくなったりする恐れがある。面接者とクライエントという関係性はあくまでも非日常的な関係であり，多重関係によって日常的な関係にまで影響を及ぼすことは絶対に避けなくてはならない。また守秘義務についても，クライエントは極めて個人的な話をする訳であるから，面接者がその内容を勝手に第三者に開示することは絶対にしてはいけない。そのため，研究発表や事例検討会といった目的で第三者に情報を開示する場合には，クライエント本人ないし保護者から署名による同意を事前に得ておく必要がある。

（2）ラポール

カウンセラーやセラピストなどの面接者とクライエントとの相互信頼感を伴った関係性のことをラポールと呼ぶ。臨床的面接におけるラポールは次の５つで定義される（Hersen & Van Hasselt, 1998 深澤監訳 2001）。

① セラピストとクラインエントがくつろいでいられるような環境をつくること
② クライエントの問題を査定し，共感をもって反応すること
③ クライエントの洞察のレベルを査定し，クライエントとの同盟を築くこと
④ 希望や新しい見方や，クライエントの問題に関してセラピストが

理解していることを具体的に提示していくこと，またクライエントに警戒感を抱かせないこと

⑤　クライエントが，クライエントとして自分が果たす役割を理解するのを援助すること

臨床的面接においては，面接者はクライエントが抱える面接場面や面接者に対する不安や抵抗感を可能な限り減弱させる働きかけを行い,「この場では何を言っても受け入れてもらえるのだ」という安心感を抱いてもらうような受容的かつ共感的態度で接する必要がある。クライエントは自分が抱える問題がどれだけ特殊なものか判断がつかないため，「果たしてこのような話を語っても大丈夫だろうか」という不安を抱えたまま面接に来談してくることが多い。面接者はこのクライエントが抱える不安や緊張感を解き，面接そのものに希望を見出してもらうことが重要となる。特に面接の初期においてクライエントとの間に信頼関係を形成することができれば，関係者への情報収集も容易となり，さらにクライエントも面接に対して協力的になることが期待される。

（3）面接技法

臨床的面接の技法には数多くの種類が存在するが，その１つとして，アイビイのマイクロカウンセリング（アイビイ 福原・椙山・國分・楡木訳編，1985）が挙げられる。アイビイはさまざまな流派のカウンセリングにおいて用いられるかかわり方をかかわり行動およびかかわり技法，そして積極技法として階層的にまとめている。ここでは基本的傾聴技法とされるかかわり行動とかかわり技法について説明する。

①　かかわり行動（attending behavior）

かかわり行動とはクライエントの発言を促すための面接者側の行動のことを指す。このかかわり行動を面接者が示すことで，クライエントは

自分の話をしっかりと聴いてもらっている，自分自身をあるがまま受け入れてもらっている，といった感覚をもつことができるようになり，より積極的に自分の話ができるようになると言われている。かかわり行動には，視線，声の質，言語的追跡，ジェスチャーといったものが含まれる。視線は文化的背景によって適切な有り様が異なるため，面接の際に注意が必要である。特に近年では海外から多くの留学生や労働者とその家族が来日して，日本において生活するようになり，さまざまな場面で臨床的面接を受ける機会が増えてきているので，自分の視線がクライエントにどのような影響を及ぼしているかを面接の早い段階で把握しておく必要がある。

次に面接者の声の質もクライエントに与える印象において，重要な位置を占めるとされている。たとえば声の高さやスピードがクライエントと合っていない場合，クライエントは少なからず違和感を抱くようになるだろう。声の高さについては，クライエントの声質というよりは，クライエントが語る話の内容に沿った形で変化させる方がよい。クライエントが深刻な話題をした際など，通常の声の高さよりも若干高く相槌を打った方が，よりクライエントの感情に沿った形となる。またスピードもクライエントになるべく合わせた方がよい。クライエントよりも話すスピードが速いと，せわしなく落ち着きのない印象を与えてしまい，逆にゆっくりすぎるスピードはクライエントにいらつきを抱かせてしまうかもしれない。クライエントが話すスピードやテンポを尊重し，クライエント自身のペースで語ってもらうことができるように配慮する必要がある。

三つ目の言語的追跡とは，面接者が自らの興味関心から質問をしてクライエントの話の腰を折ったり，面接者の苦手な話題を避ける目的でわざと話題を変えたりせずに，クライエントが語る話題に沿って話を聴くことを指す。面接者の方が話の腰を折る，または話題を回避するという行為をしてしまうと，クライエントは自らが話したい話題を出すことをためらうようになってしまう。そうした事態を避けるためにも，面接者は自分がどのような話題や状況で焦りを感じたり不安を抱いたりするのかを常に自覚しておく必要がある。

最後のジェスチャーは，臨床的面接時における面接者の姿勢や体の向きを示すものである。基本的に面接者はクライエントの方に体の正面を向け，やや前屈みの姿勢で話を聴くことが多い。しかし，常に同じ姿勢を保ち続ける必要はなく，話題によってはやや後ろに姿勢をそらすことでリラックスした雰囲気を作ることもできる。深刻な話題のときには前屈姿勢をとることで，クライエントに真剣に話を聴いているというメッセージを伝えることができるし，またこれ以上この話題を続けることはクライエントにとって辛そうだと感じられるときには，敢えて姿勢を後ろにそらして話を聴くことで，「そろそろその話はこの辺りで止めておきましょう」という非言語的メッセージを伝えることが可能となる。

これと似たようなものとして，面接中にメモをとるという行為についても考えてみたい。流派によっては臨床心理学的面接でのメモを禁じている場合もあるが，詳細な情報を記録しておく必要がある場合には，クライエントの承諾を得てメモをとることもある。このメモをとるという行為はそれ自体がクライエントに対して「あなたのその話は重要である」という非言語的メッセージを伝える意味合いをもつ。また同様に頷きもクライエントの発言を強化する機能をもつ。基本的に臨床的面接ではクライエントの語りたい内容を尊重して面接を行うこととされているが，クライエントが過度な多弁さを示す場合や，話題が中心から逸れがちな場合には，敢えてそうした強化的な対応を取らないことで，中心とすべき話題に戻ることを意識させることもある。過度にクライエントに迎合的になると面接が深まらなくなる恐れがあるので，この点は注意が必要である。

② かかわり技法（attending skills）

かかわり技法とは，クライエントを観察しながら，質問により話を引き出し，語られる内容やそこに含まれている感情を反射しつつ整理していくことで，クライエント自身に自身が抱える問題を正しく認識してもらうための一連の技法を指す。基本的にどの臨床心理学的流派でも，まず初めにクライエントの話を聴かなければ先に進まないので，正しくクライエントの悩みを聴き出す必要がある。その際に，このかかわり技法を用いてクライエントの話を引き出すこととなる。かかわり技法には，クライエントの言動を把握するための観察技法，クライエントの内面を探求するための質問技法，クライエントに自己理解を促すための内容の反射技法，クライエント自身に自分の感情を見つめてもらう感情の反射技法といったものが含まれる。

観察技法とは臨床的面接におけるクライエントの反応を観察によって把握するものである。たとえば，面接者からの質問に対してどのような回答や表情，言い回しをするかなどを観察し，特定の話題や状況に対するクライエントの言語的，行動的，感情的反応を整理することで，クライエント自身の特徴や反応傾向についての情報を得ることができる。特に注意すべきは言語的反応と行動的反応の乖離である。嬉しいと言いながら涙を流していたり，ひどく辛い体験を話しているにも関わらず無表情であったりしていた場合，それ自体が面接場面で取り上げるトピックスとなりうる。

次の質問技法は，面接者がクライエントにさまざまな質問を投げかけることで，クライエント自身に自分の問題について洞察を深めてもらうという技法である。ここでは，回答を求めること（情報を得ること）だけが目的なのではなく，質問を投げかけることで，クライエント自身も気がつかなかった自分の問題の新たな視点を提供することも目的となる。質問形態としては「閉じた質問」という基本的に一言で回答を求めるものと，「開いた質問」という回答する側にある程度の説明を求めるものの２種類がある。「閉じた質問」では「はい」か「いいえ」ないし，「あなたの出身地はどちらですか」「神戸です」というように一言で回答すれば良いので，クライエントの負担は少なく，また面接者側も直接的に尋ねたい情報を入手することができる。しかし,「閉じた質問」の場合,回答は一言に限定されており，質問に含まれていない情報を付け加えにくい形になっている。また「閉じた質問」が繰り返されると，クライエントは徐々に「尋ねられたことだけ回答すれば良いのだ」という構えができてしまい，面接に対する主体性が失われてしまう可能性がある。一方，「開いた質問」では，ある程度の説明が求められるので，クライエントの負担感は大きくなる。しかし自分で自由に回答することができるので，クライエントは回答内容を考えることによって，より深く自分の問題について洞察するようになる。なお，「開いた質問」であったとしても，質問内容が面接者の興味関心に偏っていると，面接の主題から離れていってしまうので，先に述べた言語的追跡を常に意識する必要がある。

３つ目の内容の反射技法には，繰り返し，言い換え，要約の３つの形態がある。繰り返しは基本的にクライエントが語った内容をそのまま繰り返すことである。これにより重要なポイントを改めてクライエントに認識してもらう他，同じフレーズの繰り返しが次の発言の促しとして機能することがある。非常に有効な技法ではあるが，多用すると「単にオウム返ししているだけ」という誤解を抱かれかねないので，注意が必要である。次の言い換えとは，クライエントが述べた表現を別の言葉で言い換えて表現し返すことである。「親にも友だちにも自分のことを分かってもらえなくて…」というクライエントの発言に対して「誰にも自分のことを理解してもらえないと感じているのですね」と返すのがそれに当たる。最後の要約はある程度クライエントの発言を傾聴した後で，それまで聴いていた話の内容を端的にまとめて返すことである。クライエントの発言にまとまりがないときや話題や時系列が一貫していないときなどに，面接者側が整理して返すことによって，クライエントもその内容を聴き，自分の問題を再認識ないし明確化することができ，また要約の内容が自分の理解と異なっているときには修正を図ることができる。

最後の感情の反射技法はクライエントが示す言語的・非言語的な反応から感情面を捉えて，それを適切な感情語で返すというものである。先に説明した内容の反射技法の場合，たとえ面接者とクライエントの理解が異なっていても，修正はそれほど違和感なく行われるが，次の感情の反射技法は面接者の理解がクライエントのものと異なっていると，クライエントに強い違和感を与える危険性がある。ただし，成功すると共感性を強く感じてもらうことができるので，ラポールの形成に非常に効果的だとされている。感情の反射技法はまずクライエントの感情を認知することとそれを適切な感情語で返すという２段階からなっている。感情認知については，語られる内容だけでなく，それを語っているときの表情や口調，手の動きや姿勢など非言語的側面についても焦点を当て，クライエントが抱いている感情を把握する必要がある。このとき，嬉しいけど寂しい，腹が立つけど嬉しい，といった複数の感情が混ざっていることがある。こうした感情は複合感情と呼ばれるが，感情の反射技法を行う際には，どちらか一方だけでなく，全ての感情に焦点を当てて反射することが大切である。また適切な感情語で返すときは，相手の語彙力や社会的地位，等，相手が最もしっくりくるであろう表現で反射することが必要である。相手が中学生くらいの子どもであれば，難しい表現はピンと来ないであろうし，逆にある程度の社会的地位にあるクライエントであれば，若者言葉を使った表現はかえって不信感を与えてしまうかもしれない。

マイクロカウンセリングには上記の技法の他に，上位技法として焦点化技法，解釈・自己開示・情報提供といった積極技法，矛盾や不一致を指摘する対決技法などがあり，最終的にそうした技法を統合した形で技法を修得する流れとなっている。

3. 臨床的面接法を用いた事例研究

先にも述べたように臨床的面接法は開始の動機が面接者側ではなく，クライエント側にあるので，最初から研究を念頭において行われることは稀である。しかし，ある臨床介入法の効果を調べるという研究目的で行われる場合には，基本的にクライエントの同意を得るとともに所属する組織の倫理委員会の承認を得た後に統制された形で面接を進める必要があるので，通常のカウンセリングとは異なるものとなる。したがって，臨床的面接法を研究とする場合には，事例研究として報告することが多い。事例研究で報告する場合には，必ずクライエント本人から事例の公表に関する承諾を書面で得ておくことや，本人を同定できないようプライバシー保護を十分に図った内容に整えておく必要がある。

演習問題

1．悩みを抱えたクライエントとの臨床的面接において，面接者はどのような視点からクライエントとその問題を捉えたらよいかを考えてみよう。
2．臨床的面接法による介入において必要な面接構造の設定について説明してみよう。

解答のポイント

1．臨床的面接を行う上で必要なポイントは，クライエント自身のアセスメントと問題のアセスメントである。臨床的面接法は言語的コミュニケーションを主体としたものとなるので，その受け手であるクライエントのアセスメントは必須である。しかしアセスメントにおいては，クライエントの心理的要因だけでなく，遺伝や身体的疾患等の生物学的要因や家族関係や経済状況といった社会的要因を含む生物－心理－社会モデルでアセスメントを行う必要がある。さらに，そうしたクライエントのアセスメントを踏まえた上で，問題そのものが何故維持し続けているかをケースフォーミュレーションによって検討することが求められる。
2．臨床的面接法による介入を行う際にまず必要となるのは，面接構造の設定である。クライエントと面接時間や面接頻度，面接を行う場所，料金等を話し合い決定する。また，問題の明確化，話し合うテーマの順番，終結の目処といった点についても話し合い，治療契約と場面構成を行っていく。そうした面接の枠組みを設定した後に，介入となる臨床的面接が継続されることとなる。

引用文献

- アイビイ．A.E. 福原真知子・椙山喜代子・國分久子・楡木満生（訳編）(1985)（マイクロカウンセリング　川島書店）
- First, M.B., Williams, J.B.W., Karg, R.S., & Spitzer, R.L. (2015). *User's Guide for Structured Clinical Interview for DSM-5 Disorders, Clinician Version* (SCID-5-CV). Arlington, VA: American Psychiatric Association.
- Hersen, M. & Van Hasselt, V.B. (Eds.) (1998). Basic interviewing: A practical guide for counselors and clinicians. Mahwah, N.J.: Lawrence Erlbaum Associates, Inc.（ハーセン, M.・ヴァン・ハッセル, V.B. 深澤道子（監訳）(2001) 臨床面接の進め方：初心者のための13章　日本評論社）
- シーハン，D.V.・ルクリュビュ，Y. 大坪天平・宮岡等・上島国利（訳）(2003)（M.I.N.I.精神疾患簡易構造化面接法　日本語版　5.0.0　星和書店）

参考図書

- 米山直樹・佐藤寛（編）『なるほど！心理学面接法』（北大路書房，2018年）

11 面接法２
――調査的面接法

米山直樹

《目標・ポイント》 調査的面接法は他の代表的な心理学の研究法（実験法，質問紙法，観察法）とは異なり，研究者と対象者の相互作用を前提とした手法である。そのため独立変数の統制やデータの妥当性，信頼性を高めるために多くの工夫とコストが必要となる。しかし一方では，他の研究法では得られないような新たな知見や発見をもたらしてくれる可能性のある方法でもある。本章では調査的面接法について，その理論的背景と構造化による分類，および実施方法について理解することを目標とする。
《キーワード》 構造化面接，半構造化面接，非構造化面接，トランスクリプト，仮説検証型研究，仮説生成型研究

1．調査的面接法とは

前章でも述べたように，面接法には調査的面接法と臨床的面接法という２つの方法がある。この２つの方法の最も大きな違いは，面接動機が面接者にあるか被面接者にあるかという点である。何かしらの研究目的をもって面接を実施したいと考えたとき，その動機は面接者にあるのに対し，被面接者が自身の抱える問題を解決したいとして面接に訪れたとき，その動機は被面接者にある。このうち，前者の面接において実施されるのが調査的面接となり，そこで実施されるのが調査的面接法ということになる。

したがって前章で紹介した臨床的面接法では，その主目的が被面接者

であるクライエントの支援にあるのに対し，本章で紹介する調査的面接法はその主目的が研究にあり，したがって他の研究手法である実験法や質問紙調査法と同様，調査的面接法も心理学における「真なるもの」を明らかにしようとする手法であるといえる。しかし，調査的面接法には実験法や質問紙調査法と大きく異なる点がある。それはデータの特性である。基本的に実験法や質問紙調査法では多数の被験者を対象にデータを収集し，その平均値を基に分析を行う形をとる。その際，被験者の反応は実験者側によってある程度統制されたものとなっている。なぜならば，平均値として算出するためにはデータの等質性が保たれておく必要があり，想定した範囲外の反応はデータに含めることができないからである。一方，面接法ではむしろ被面接者の主観性を重視して，反応の自由度は被面接者自身に任されている。ただし，反応の自由度が高い分，面接法によりデータを収集する場合には，一人の被面接者に割かねばならない面接や分析といった時間や手間のコストも非常に大きいものとなる。

なお，研究法のうち観察法もこれら面接法と同様のコストがかかる手法である。しかし面接法と観察法の違いは，観察法が主に被観察者の「行動」を対象としているのに対し，面接法は被面接者の「言語」を対象の中心としている点である。もちろん面接法においても被面接者の非言語的コミュニケーションなどの行動を観察対象とするが，それ以上に面接法では被面接者が何を語ったのかという「言語」の中身を重視する。心理学研究では，ある刺激（独立変数）を呈示したときの反応（従属変数）を測定し，その関数関係を分析することで一般的な法則を見出そうとする。面接法では，インタビュアーによる質問や問いかけが刺激となり，それに対する反応としての「言語」を分析することで，当該の被面接者がもつ意見，態度，感情，思考などの心理的側面を明らかにしようとする。

また，心理学研究法の違いについて，「質的データ」と「量的データ」という側面から分類することも可能である。基本的に実験法や質問紙調査法などの量的データを用いる研究は，「真なるもの」である普遍的法則を論理的に証明しようとする論理実証主義に基づいたものとなっている。そしてその普遍的法則を明らかにする方法として，それまでに得られた知見から論理的に導かれる仮説を立て，その仮説が正しければこういう結果になるはずだという前提のもとに実験や調査を行って，その仮説を検証する。こうした研究は仮説検証型研究と呼ばれ，心理学研究では一般的な方法となっている。

一方，面接法や観察法などの質的データを用いる研究では，「真なるもの」は一つではないとして，人と人との交流によって構成される現実や社会の様相を説明・解釈することを目的とした社会構成主義をその根拠におく（下山，2008）。この場合，さまざまな様相によって現れる社会的な構成場面を一つ一つ丹念に分析・検討しなければならず，群間の平均値を比較する量的データを用いた研究に比べて，一つのデータに多くの時間的・作業的なコストがかかることになる。しかしながらこの方法を用いることで，平均値を対象とした量的データで切り捨てていた個人差や二次変数による誤差に焦点を当てることができ，これまで知られていなかった全く新しい事象を発見することができるかもしれない。こうした研究は仮説生成型研究と呼ばれ，事例の個別性や特異性に焦点を当てることにより，新たな普遍的法則に関する仮説を生み出すことに繋がるものだといえる。したがって，心理学研究においては仮説検証型研究も仮説生成型研究もどちらも重要な研究様式であり，両者の方法論に留意しながら研究を進めていく必要がある。

なお，近年ではこうした「質的データ」と「量的データ」の両者を組み合わせた混合研究法という研究アプローチも急速に発展を遂げてきており，今後ますます発展していくものと考えられる（Creswell, 2015）。

2. 面接の構造化による分類

心理学における面接法は質問項目をどのような形で尋ねていくかという構造化によって構造化面接法，半構造化面接法，非構造化面接法という３つに分類することができる。これはあくまでも質問項目を尋ねる上での構造化の分類なので，本章のテーマである調査的面接法でも前章の臨床的面接法でもどちらにも適用できるものである。たとえば構造化面接法であれば，臨床的面説法のうち精神科診断面接において適用されることになる。しかし，調査的面接法では研究者があらかじめ質問項目を決めて，必要な情報を入手することを目的としている点で，どのように構造化した上で面接を進めていくかは極めて重要なポイントとなる。以下に順に３つの面接法について説明していく。

（１）構造化面接法（structured interview）

構造化面接法とは質問すべき内容が既に設定されているとともに，その順番も規定されている方法である。この方法は面接者によるバイアスを抑制するとともに，本来の話題から脱線することを防ぎ，当初の目的にしたがって面接の進行を統制することができるという長所をもつ。構造化されていない面接法は，入手された情報の信頼性と妥当性を保証することが困難である。たとえば，同一人物に異なる面接者が面接した場合，構造化されていない面接法では，質問項目の内容や表現やニュアンスが微妙に異なることが予想され，その結果として入手される情報も異なってしまうことが考えられる。また，たとえ同じ面接者が複数の被面接者に面接を行う場合でも，構造化されていない面接法であれば，微妙に質問項目の表現が変化していく可能性もある。こうした問題を構造化面接法では回避することができる。つまり構造化面接法は，面接というデータの測定方法を質問紙や実験法と同様に体系化することによって，測定方法の信頼性と妥当性を高めることができる点が最大の特徴として挙げられる。また，回答に際しては選択回答法が用いられることが多いので，得られるデータも量的データとして扱うことができ，統計的処理を行いやすい。したがって，構造化面接法は複数施設における研究や大規模研究，疫学研究，国際比較研究，社会調査，世論調査などにおいて多く用いられている。しかしながら一方では，構造化面接法は事前に作成された項目にしたがって機械的に質問がなされていくので，面接も表面的かつ画一的なものになりやすく，また回答内容も事前に設定された質問項目の範囲内のものしか得ることはできず，より広い範囲やより深い部分についての情報まで入手することは難しいとされている。

研究的側面で考えたとき，構造化面接法は既にある程度の知見や理論ができあがっていて，その理論の妥当性や適合性を見るといった仮説検証型研究に適していると言える。

（2）半構造化面接法（semi-structured interview）

２つめの半構造化面接法とは，ある程度事前に質問内容が設定されてはいるが，質問を新たに追加したり，順番や深度を比較的自由に設定したりできる方法である。この方法は構造化面接法とは異なり，面接の流れを止めることなく，自然な話の流れで必要な情報を入手することができる。また，必要に応じて話題の内容を深く掘り下げたり，展開したりすることもできる。面接場面では，被面接者からの回答内容に面接者側が事前に想定していなかったようなものが含まれていることがよくある。そうした内容を切り捨てるのではなく，新たな知見や発見をもたらすものとして取り上げ，さらに質問を重ねることによって，より深い理解を得ることができるかもしれず，こうした点が半構造化面接法の長所といえる。構造化面接法では，面接者が面接中に疑問や興味が湧いたとしても，質問項目を追加したり修正したりすることはできない。そうした点において，半構造化面接法は面接者としても不全感を抱くことなく，面接を行うことができる。一方，被面接者にとっても自由度が高まる分，たとえば多弁であったり，特定の話題に固執したり，話題の内容が転動しやすい被面接者の場合だと，面接者側は必要な情報を質問するための時間が不足してしまうなどの問題が生じやすい。そのような場合に備えて，面接者の方も適切な形で被面接者の話を切り上げるなど（たとえば，Hersen & Van Hasselt, 1998　深澤監訳，2001）の面接スキルをもっておく必要がある。また，面接者にとっても自由度が高い分，あらかじめ決められた質問項目以外の質問を行う際に，どのような視点からどこに注目し，さらにその内容を深めるか広げるかといった判断が求められる。しかしながら，この判断も主観的なものに違いなく，面接者のバイアスが大きくかかわってくることになる。こうした判断を適切に行うためにも，面接者は多くの経験や訓練を積む必要がある。

研究的側面で考えたとき，半構造化面接法は先行研究が少ないか，新たな仮説を打ち立てる必要があるときに用いられることが多いことから，仮説生成型研究のような探索的研究に相応しい方法であるといえる。

（３）非構造化面接法（unstructured interview）

非構造化面接法とは面接者が質問項目についてその内容や順番をあらかじめ決めた形で行うのではなく，被面接者に特定のテーマについて語ることを告げるだけで，あとは自由に語ってもらい，面接者の方も話の中で興味・関心および疑問に思ったことを自由に質問し，より多様で深い情報を引き出していくという方法である。基本的に面接内容の構造化はなく，非指示的に被面接者に語ってもらう形をとる。この非構造化面接法も半構造化面接法と同様，先行研究に乏しい研究テーマを扱う際に，まず個別具体的な話題を集めていき，その質的データを分析して回答内容の共通する特徴を明らかにして仮説生成を行う上で有効な方法である。ただし，特定のテーマを扱う場合でも，構造化面接法のように質問項目や回答内容に制限はかけられていないため，面接が長時間に渡る可能性が高い。そうした意味において，時間に制限があるような状況での面接ではこの方法は不向きと言える。また，自由度が高い分，面接で語られる内容がテーマから離れていく危険性が高まるので，そうした場合に適切にテーマに沿った内容に面接の流れを戻していく面接者の技量が求められることになる。

3. 調査的面接における目的の確認

先にも述べたように，臨床的面接法と違い調査的面接法は面接動機が面接者側にあるため，誰を被面接者とするかは大きな課題となる。あるテーマについて調査的面接を行いたいと考えたとき，まずはその目的に合致すると考えられる人物や集団に依頼をして同意をしてもらった人に来てもらうことになる。そのため，調査的面接では調査対象となる候補者の選定や依頼方法について検討を行う必要がある。また依頼に応じて面接に来談した被面接者に対する謝礼の方法（謝金か礼品か）も事前に決めておかなくてはならない。また近年は研究実施に際して所属する組織の倫理委員会による事前審査を求める学会も増えている。特に面接法の場合は，無記名の質問紙と違い対象者を明確に同定できることや，面接法自体の特徴から本人の思想・信条やプライバシーにかかわる深い部分まで聴き出すことがあるので，倫理審査を受けておくことは必須のこといえ，面接候補者に依頼を行う際にも，書面により承諾を得る必要がある。

次に調査的面接における目的の設定についてであるが，研究対象となる仮説的構成概念に関する理論がある程度明確になっている場合，研究の方向性が定まっている場合，あるいは特定のテーマについて条件が合致する被面接者を選定して面接を行う場合などは，当該の被面接者が抱いている印象や考えを確認する研究を行うことになる。そうした場合には基本的に既存の理論を検証することが目的になるので，仮説検証型研究として構造化面接法を採用することになる。一方，まだ仮説的構成概念が明確化していない場合やまだ知られていない心理学的事象を探索的に調べてみるといった場合には，新たな知見を得ることを目的とした仮説生成型研究として半構造化面接法や非構造化面接法が採用されることになる。基本的に調査的面接においては，一般的な認識として多くの人が共有しているが，それを客観的かつ明確にデータとして示したことがない心理学的事象を明らかにするといった理由や，その事象を明確化することが社会的貢献につながるといった理由があると目的設定がしやすいといえる。

さらに仮説検証型研究として構造化面接法を採用する場合，なぜ質問紙法ではなく面接法を選択するのかという方法論の選択理由についても明確にしておかなくてはならない。面接法は面接者と被面接者が直接対面してデータを収集する方法なので，被面接者における心身の負担も質問紙法に比べてかなり大きく，さらに質問内容によっては被面接者個人のプライバシーにまで踏み込むこともありうる。したがって倫理的にもなぜ面接法を採用しなければならないのか，その必然性に関してのアカウンタビリティ（説明責任）が研究者側に求められる。先にも述べたように仮説生成型研究として半構造化面接法や非構造化面接法を用いる場合には，質問紙法では抽出できない被面接者の考えや態度を収集するという目的が成立しやすいが，仮説検証型研究として構造化面接法を用いる場合には，特に質問紙法を用いない正当な理由が必要となる。

鈴木（2005）は調査的面接法と質問紙法との比較において，対面の重要性を指摘している。調査的面接法は二人の人間の直接的な相互作用無くして行えない調査であるとして，面接者側の要因が被面接者の回答に影響を与えることは避けられないとしながらも，質問紙法では回答者が質問項目の内容を正しく理解していなくても研究者側はそれを説明することはできず，また相手に合わせて質問項目を変更・追加・削除することもできないため，不正確なデータを集める危険性があるとしている。また質問紙法の場合，被調査者が文字を読むことができない場合には質問紙に回答することもできないが，調査的面接法の場合には通常の会話能力があれば調査の対象になりうるとも指摘している。こうした点を踏まえた上で，質問紙法か構造化面接法のどちらを選択するかを判断すると良いであろう。

4. 調査的面接法におけるシナリオの作成

自身の研究目的に関する明確化の作業が済んだら，次はどのような質問をどのような表現で尋ねるのかについて，構造化の程度も含めた形でシナリオの内容の検討作業に移っていくことになる。半構造化面接法や非構造化面接法では，質問項目の順番は問われないので，最終的に所定の質問項目への回答が入手できていれば当初の目的は達成できたと考えられる。一方，構造化面接法を実施する場合には，統制された順番と質問形態で面接が進められなければならないので，シナリオの作成が必要となる。調査的面接に限らず，たとえ臨床的面接であったとしても，いきなり初対面の相手から自分の内面にかかわるような質問をぶつけられたら，質問された方は面接者に対して強い警戒感や不信感を抱くであろう。したがって，面接の前半部では一般的な話題や個人の内面にまで踏み込まないような表面的な質問に対して回答してもらうなどして，被面接者の緊張感や警戒感を解いていく働きかけが必要になる。また服装や態度，口調などについても，被面接者から不快感を抱かれないよう注意しなければならない。そして面接が進行するにつれて，徐々に個人的な話題を語ってもらう段階に移っていく際にも，話題の順番や話の流れが不自然になっていないか，シナリオをチェックする必要がある。こうした点は自分一人で判断することは難しいので，指導教員や同じ研究室の仲間からシナリオを第三者の視点で見てもらい，被面接者から違和感をもたれないような自然な流れのシナリオとなっているか意見をもらうと良いだろう。

シナリオの基本的な流れとしては，一般的な話題や客観的事実に関する事柄などの質問から開始し，徐々に意見，態度，信条，価値，感情といった本人の内面に関する話題に移っていく。ただし，経済状況や出自に関する話題など，客観的事実に含まれる質問でも被面接者に回答への抵抗感を抱かせる話題もあるため，本人の様子を見極めながら慎重に面接を行っていくようにする。また話題の内容や質問の順番などについても，項目の時系列が前後するような形になっていると，質問された側も混乱してしまうので，原則的には時系列に沿った形で過去，現在，未来という順番で話を進めていくようにするとよい。

そしてシナリオの作成方法であるが，まずは付箋１枚につき１つの質問項目を書く形で，全ての質問項目を書き出すようにする。そしてそれぞれの質問項目の関係性を「特定のグループごとに分類する」KJ法の技術を使って整理し，類似した質問であればまとめてしまったり，全体的な観点から不足していると思われる質問項目があれば新たに追加したりするなどして，質問項目の精選作業を行う。さらに各質問項目についても，実際の面接場面を想定した形で声に出して読み上げてみて，言いやすさなどの表現や言い回しを確認して，必要に応じて修正を行う。質問項目の精選作業が済んだら，どのような順番で質問を行っていくか付箋を並べ替える形でシナリオ案を検討・作成する。シナリオ案ができたら，指導教員や同じ研究室の仲間に再度協力を依頼して，質問項目の表現や順番について意見を求め，必要に応じて修正を施す。そしてある程度完成した段階で模擬面接を実施し，おおよその所要時間や話題の流れを確認し，最終的なシナリオを完成させる。特に構造化面接を行う場合には，調査を開始してからシナリオや質問項目の修正が必要になると，それまで収集したデータが全て無駄になってしまうので，シナリオの完成を判断する際には細心の注意を払うようにする。

5. 面接データの処理と分析方法

面接で得られるデータはその特徴から２つに大別される。一つは量的データであり，もう一つは質的データである。量的データとは，人間の心理学的事象を探るために母集団（調査対象となりうる全ての人）から無作為（統計的）に抽出した標本（サンプル）から集めるデータのことで，その分析を通じて母集団に関する信頼できる記述として一般化ないし普遍化された知見を得ることができる。基本的には仮説検証型研究として，特定の心理学的事象を説明する仮説の正しさを証明するために収集されるデータである。調査的面接法において量的データを収集するためには，主に構造化面接法か半構造化面接法が用いられる。

一方，質的データとは，人間の心理学的事象のメカニズムやそのプロセス，あるいは法則性などについて，個別的な状況や条件によって生じる要因を抽出し，各個人の主観的な意味づけや捉え方を解釈するために収集されるデータのことで，対象となった人々の個別的解釈を通じて事象の本質を明らかにすることを目指す。基本的には仮説生成型研究として，新しい仮説や理論，モデルを構築することを目的として収集されるデータである。調査的面接法において質的データを収集するためには，主に非構造化面接法か半構造化面接法が用いられる。

量的データか質的データかに関わらず，調査的面接法によって得られたデータには，聞き漏らしや意味が不明確なものなど，不十分なものが含まれている可能性がある。そのため分析作業に移る前に，得られたデータを点検し必要な処理を施すエディティングという作業を行わなければならない。エディティングの作業には，量的データに関しては①記入漏れ及び無回答のチェック，②記入ミスのチェック，③判読不能や判定不能な記入のチェック，④面接者による不正記入のチェック，⑤欠損値の扱い，といったものが含まれる（鈴木，2005）。また質的データに関しては，記述の曖昧さの有無や意味不明・不正確なものがないかをチェックする。エディティングは各面接終了後，速やかに行うようにする。

また，半構造化面接法や非構造化面接法では，面接中にメモされた記録や録音・録画データを文字化する作業を行う。この作業を経た後にエディティングによって精錬化した記録をトランスクリプションといい，このトランスクリプションのデータを基にコード化やファイル化といったデータベースを作成する。以前はトランスクリプションの作業を行う場合，録音から直接文字おこしをする必要があったので，録音時間の数倍の時間が必要であったが，最近ではスマートフォンやタブレット端末の音声認識機能を使ってトランスクリプションを作成することが可能となり，大幅に時間が短縮できるようになった。しかし，こうした機器を使った場合，常に100％正確に文字化がなされている保証はないので，必ず文字化したデータと音声データを照らし合わせて確認する作業を行わなければならない。また，こうした機器を用いた作業を行う際には，個人情報保護や守秘義務の観点からデータの保管や取り扱いについて十分に注意を払う必要がある。特に文字化されたデータについては全て匿名化し，被面接者の情報とは別々に保管しなければならない（鈴木，2005)。

なお，どこまで正確に文字化を行うかは，研究目的に基づき決定することになる。これはトランスクリプションのレベルをどの程度に設定するかにかかわる点である。発言内容に焦点を当てるのであれば，言い間違いや重複する部分は削除されて中心的な発言内容のみが表記されるかもしれない。一方，発言時の様子や抑揚の変化，言い間違いといった発言内容以外の部分にも焦点を当てて分析対象とするのであれば，被面接者の語りをそのまま文字化する必要がある。業者など第三者に文字おこしの作業を任せる場合だけでなく，自分で文字おこしの作業を行う場合でも，途中で基準が変化していかないように事前に客観的なトランスクリプションのレベルを決定しておくことは重要である。

トランスクリプションが完成したら，次にコーディングと呼ばれる分析対象となるテキストごとに理論的・分析的なラベリングを施していく作業を行う。基本的にコーディングは文字上の類似性ではなく，意味的に類似したものを同一のコードでまとめていく。コーディングの作業中は，頻繁にコーディングの概念とそのテキストが一致しているかを確認し，必要に応じてラベリングの名称を変更したり，概念を拡張したり，あらたなコーディングカテゴリーを作成するなどして，コーディングの精度を上げていくようにする（岡田，1997)。

コーディングがある程度完成してきたら，今度は比較分析と呼ばれる作業を行う。比較分析とは，同一のコード内に属する各テキストについて，人物，時間，空間，機能といった様々な次元ごとに何らかの差異やパターンを見つけ，それに暫定的な説明を加えるという作業である。比較分析を行うことで，研究テーマとなっている心理学的事象についての洞察を深めることができるようになり，より精緻化したモデルが形作られるようになる。

なお構造化面接法に基づく量的データの分析については，まず初めに得られたデータの評定者間信頼性を算出することが望ましい。これは，面接者の違いなどによる評価のばらつきが存在する可能性を排除するために行われるものである。そして先行研究などを参考に一定の区間を設定して，その区間に含まれるデータ数をカウントして単純集計表を作成する。そして平均値や分散を求め，量的変数間の関係を見るために相関係数を求める。もしも量的データを使用して変数間の複雑な関係性を見たいのであれば，多変量解析法などの統計分析を試みることとなる。

演習問題

1．仮説検証型研究と仮説生成型研究における調査的面接法の位置づけについて論じてみよう。

解答のポイント

1．仮説検証型研究では，既にある理論や知見から導き出される事象の存在を確認するための研究が行われる。調査的面接法では主に構造化面接法ないし半構造化面接法を使ってその確認のための作業が行われる。一方の仮説生成型研究では，それまで存在が知られていない事象を見つけ出すため，極めて限られた枠組みだけを設定し，自由に対象者に反応してもらい，その内容を分析する。調査的面接法では主に非構造化面接法か半構造化面接法が用いられる。

引用文献

- Creswell, J.W.（2015）*A concise introduction to mixed methods research.* Thousand Oaks, CA: Sage Publications.（クレスウェル，J.W.　抱井尚子（訳）（2017）早わかり混合研究法　ナカニシヤ出版）
- Hersen, M. & Van Hasselt, V.B.（Eds.）（1998）*Basic Interviewing: A practical guide for counselors and clinicians.* Mahwah, N.J.: Lawrence Erlbaum Associates, Inc.（ハーセン, M.・ヴァン・ハッセル, V.B. 深澤道子（監訳）（2001）臨床面接の進め方：初心者のための13章　日本評論社）
- 岡田猛（1997）発話の分析（中澤潤・大野木裕明・南博文（編）心理学マニュアル　観察法　北大路書房　pp.122-133）.
- 下山晴彦（2008）何のために研究をするのか：研究の目的と方法（下山晴彦・能智正博（編）臨床心理学研究法１　心理学の実践的研究法を学ぶ　新曜社　pp.5-16）.
- 鈴木淳子（2005）調査的面接の技法（第２版）（ナカニシヤ出版）

参考図書

- 鈴木淳子『調査的面接の技法（第２版）』（ナカニシヤ出版，2005年）
- 米山直樹・佐藤寛（編）『なるほど！心理学面接法』（北大路書房，2018年）

12 検査法

米山直樹

≪目標・ポイント≫ 心理学における検査法は臨床心理に関連した分野を中心に発展してきた。その主な目標は問題を抱える個人を支援するための基礎的情報を得ることにある。しかし測定対象となる心理的事象は実在するものではなく，あくまでも仮説的構成概念にしか過ぎない。そのため，測定においては妥当性や信頼性の検証が極めて重要になってくる。そうした作業を通じて，パーソナリティや知能といったものを測定するための各種心理検査がこれまで開発されてきた。本章ではそうした心理検査法の背景理論と代表的な心理検査についての基礎的知識を得ることを目標とする。
≪キーワード≫ 知能検査，パーソナリティ検査，投影法，テストバッテリー

1．心理検査の目的と対象

心理検査とは，人がもつ何らかの心理学的な側面をある物差しを使って測定する方法のことである。この物差しそのものが心理検査ということになる。基本的に尺度が対象者の意見や心理的傾向を測定することを目的とするのに対し，心理検査では知能や人格といった構成概念を測定することを目的とする。そして心理検査を用いて測定しようとした場合，次のことが問われることとなる。それは何のために測定する必要があるのか？心理学的側面における何を測定しようとするのか？そして，それをどうやって測定しようとするのか？という３点である。これは順に心理検査の目的，対象，方法ということになる。３点目の方法については具体的な心理検査の紹介になるので，「３．心理検査の種類」で論じる

こととし，ここでは主に心理検査法の目的と対象に絞って説明する。

心理検査が実施される目的として最も多いのは臨床的目的に基づくものであろう。臨床心理面接や精神科面接において，アセスメントの段階や治療効果の判断に際し，心理検査の結果は欠かすことができない情報である。もちろん観察法や面接法によって得られる情報も重要な指標となるが，たとえば行動的データは分析に時間やコストがかかり，面接法によって得られるデータも解釈に個人差が出ることがあるため，投影法など一部例外はあるものの，一般的な本人の病態像や治療効果の測定などにおいて，心理検査からもたらされる情報は極めて貴重である。また，本人に対しても自分の状態を客観的な測度を用いて知ってもらうことは，自分の状態を正しく理解する手助けになるとともに，家族や他の支援者と認識を共有する上でも有効な情報となる。

なお，臨床心理面接や精神科面接では，基本的に本人かその家族が臨床的援助を希望して来談されてくることになるが，それとは異なる臨床的目的で実施される心理検査もある。たとえば企業などで実施されるメンタルヘルスないしストレスチェックや，大学において新入生を対象に行われるUPI（University Personality Inventory）などのスクリーニング検査などがそれに当たる。これらは本人からの相談依頼を待つのではなく，事前に不調を抱えている者をスクリーニングすることによって，これ以上悪化する前に予防的に支援を行えるようにするための目的で実施される。もちろん，スクリーニングによって面接指導の対象となった場合でも，本人が望まなければ面接を受ける義務はないが，そうした危険性を伝えるだけでも，本人に自分の状態を自覚させるなどの効果が見込まれる。

次に何を測定するのかという対象の問題であるが，アセスメントとして心理検査を実施する場合，もちろん何も話を聴かずに，いきなり心理検査を実施する訳にはいかないので，支援者はインテーク面接等で本人や家族から主訴や抱えている問題をじっくり傾聴するとともに本人の状態を観察した上で，ある程度の見立てを行う。そして，その見立てた内容に基づき，どのような心理的事象を測定するかを決め，それに合致した心理検査を選択・実施することになる。

測定対象となる心理的事象はパーソナリティ，不安，抑うつ，知能，態度，認知など多岐に渡るが，いずれも実体としては存在しておらず，直接的に観察することもできない仮説的構成概念である。我々が一般的にこういう心理状態のときは不安と呼称する，といった形で多くの人で共通する概念に対して特定の名称を付与したものに過ぎない。したがって，測定対象となるものが正しく測定できているかを証明する必要がある。こうした，どれだけ正しく当該の心理的事象を測定できているかという指標を妥当性と呼び，正確に測定できているほどその検査は妥当性が高いということになる。高い妥当性の心理検査を作成する際には，その仮説的構成概念を説明するための背景理論がしっかり構築されていなくてはならず，また心理検査を実施する者も正しくその検査の背景理論を理解しておく必要がある。妥当性には内容的妥当性（当該の心理検査の内容が測定しようとする仮説的構成概念の内容を偏りなく反映しているか），基準関連妥当性（当該の心理検査が測定しようとしている心理的事象とかかわりのある外的基準との間で相関が示されるか），構成概念妥当性（当該の心理検査が測定しようとしている仮説的構成概念としての心理的事象をどのくらい正確に測定しているか）といったものがある。

また，心理検査には妥当性の他に，当該の心理検査が何度繰り返し実施されたとしても安定した結果を示すかという指標もある。これを信頼性と呼び，再テスト法や折半法などで算出した信頼性係数によって，その信頼性の高さが示される。具体的には，当該の心理検査内で特定の仮説的構成概念を一貫して測定していることを示す必要がある。この場合の信頼性は内的一貫性と呼ばれ，クロンバックのα係数によって示される。また，時間的変化によって検査結果に変化が生じないかを確かめるためには，再検査信頼性を測定するという方法がある。この場合は，数週間程度の間隔を空けて同じ被検者に２回測定を行い，その相関係数を算出する。これにより当該の心理検査の安定性を証明することとなる。

こうした妥当性および信頼性が認められている心理検査の他に，経験的に用いられている投影法のような心理検査も存在する。実際の臨床場面ではだいたいこのような背景や問題があるのではないかといった見立てに基づき，使用する心理検査を決定し実施することとなるが，この見立ての段階は臨床家としての経験や知見が最も反映されるところである。なぜなら，見立てが誤っていたら，アセスメントで用いる心理検査自体の選定を誤ってしまうからである。抑うつを訴えてくる患者であったとしても，それが純粋にうつ病からもたらされたものなのか，他に心理的・行動的機能の不調があって，その結果，２次的反応として生じたうつ状態なのかで原因は異なってくる。心理検査は星の数ほど存在するので，全ての心理検査を本人に実施することは不可能である。また，心理検査を実施すること自体が本人にとって精神的・身体的・経済的負担になるので，実施する心理検査の精選は必要不可欠なこととなる。しかし一方では，ある一部分の心理的事象を測定するだけでは，本人の状態を把握するのに不十分である。上述の例であれば，本人のうつ状態を測定するだけでなく，たとえば発達的問題や，他の精神疾患の存在を収集した情報から推測し，それぞれを測定するための心理検査を組む。この心理検査の組み合わせをテストバッテリーと呼び，心理アセスメントにおいて必須の作業となっている。

2．心理検査法の歴史

心理検査法の歴史は心理学および臨床心理学の誕生と不可分である。学問としての心理学が始まったのは1879年のヴント（Wundt,W.）によるドイツのライプチッヒ大学における心理学実験室の開設とされているが，同じくライプチッヒ大学ではイギリス出身の心理学者であるキャッテル（Cattell,J.M.）がメンタルテストという名称で心理的現象の測定を試みている。また彼の指導を受けたウィットマー（Witmer,L.）が1896年にペンシルベニア大学に心理クリニックを開設し，主に知的障害をもつ子どもを対象とした教育的支援に携わったが，この心理クリニックの開設により，心理測定学の重要性が認識されるようになった。また，フランスでは知的障害のある子どもの支援を念頭に1905年にビネー（Binet,A.）が世界で初めての知能検査となるビネー式知能検査を開発した。その後，ビネー式知能検査は複数回の改訂を経て，1937年にアメリカでターマン（Terman,L.M.）によりスタンフォード・ビネー式知能検査と改訂され，広く活用されるようになった。また日本では1925年に鈴木・ビネー知能検査，1943年に田中・ビネー知能検査として標準化され，その後も改訂が続けられており，2007年に改訂版鈴木ビネー知能検査が，また2005年に田中・ビネー知能検査Ⅴが発売されている。

また知能検査のうち，もう一つの代表格であるウェクスラー式知能検査は，1939年にウェクスラー（Wechsler,D.）によりウェクスラー・ベルビュー知能検査として発表された。ウェクスラー式知能検査の特徴として，下位検査得点のプロフィールを描くことができ，知能の発達を多面的に調べることを可能としている。その後，ウェクスラー式知能検査は幼児用（WPPSI），児童用（WISC），成人用（WAIS）が作成され，改訂が続けられた。日本では2010年にWISC-Ⅳ，2017年にWPPSI-Ⅲ，

2018年にWAIS-Ⅳがそれぞれ発売されている。

一方，知能検査以外の検査では，1900年，ドイツの精神科医であるクレペリン（Kraepelin,E.）が作業曲線を用いた心理的現象の測定を試み，後に日本において内田クレペリン作業検査法として用いられるようになった。また1920年代からはスイスの精神科医であったロールシャッハ(Rorschach,H.)によりインクプロットを用いた方法論が検討されるようになり，後にロールシャッハ・テストとして利用されるようになった。投影法による検査は，その後，1940年代にマレー(Murray,H.)による絵画統覚検査(TAT，主題統覚検査ともいう)およびローゼンツァイク(Rosenzweig,S.)による絵画欲求不満テスト(P-Fスタディ)が開発されている。

一方，同時期には，より客観的かつ一般性を確保しつつ，投影法に比べて実施及び判定や解釈が容易な質問紙による心理測定法も開発が進められた。代表としては，1930年代に開発されたミネソタ多面人格目録(Minnesota Multiphasic personality Inventory: MMPI）やギルフォード(Guilford,J.P.)によるギルフォード性格検査が挙げられる。ギルフォード性格検査は1957年に日本語版として矢田部・ギルフォード性格検査(YG性格検査）が販売されており，現在に至るまで両者とも性格検査として利用され続けている。

3. 心理検査の種類

(1) 質問紙法

質問紙法とは，複数の質問項目に対して「当てはまる」「当てはまらない」等の回答を被検者に求め，その回答結果を得点化することで所定の心的状態を測定しようとする方法である。後述の投影法に比べ，実施者の習熟は特に必要なくマニュアルに沿って実施できるために集団を対象とすることも可能であり，結果の処理も機械的に行うことができる。

多くの場合，各項目にはある特定の傾向（特性）を表すものが散りばめられており，結果の処理の際には，それぞれ類似した項目間で合計得点を求め，各特性の程度を判定することとなる。たとえばスピルバーガー（Spielberger,C.D.）の状態－特性不安尺度（State-Trait Anxiety Inventory：STAI）は不安を測定するための代表的な尺度であるが，生来的な不安（特性不安）の程度と，ある特定の状況で生じている不安（状態不安）の程度を測定することが可能である。また複数の特性を測定する検査としてはYG性格検査が挙げられる。YG性格検査は12個の特性を示す尺度からなっており，各尺度の結果をもとに情緒（安定・平均・不安定）および性向（外交・平均・内向）の組み合わせからＡ型からＥ型の５つのタイプに分類し判定する。つまりYG性格検査は特性論に基づき開発された検査であるが，解釈は類型論的な方法をとっている。

またパーソナリティ検査に関しては，近年，研究者や被検者集団が異なっても安定して測定されるビッグファイブと呼ばれる５つのパーソナリティ因子が発見されており，それに基づくネオ人格目録（NEO Personality Inventory）も開発されている。以上述べてきた尺度はいずれも因子分析研究の結果に基づき開発されてきたものであるが，一方で因子分析研究に基づかず，専門家評定や医師による診断結果などを基に経験的に尺度が開発された検査も存在する。その代表的な検査としてはMMPIが挙げられる。MMPIは検査の妥当性を測定するための妥当性尺度の他に，10個のパーソナリティ特性を表す臨床尺度を測定し，その散らばり具合で包括的に対象者のパーソナリティ傾向を記述することができる。

質問紙法は先述のように実施方法および結果の処理方法がほぼマニュアル化されているため，一度に集団に対して実施することが可能であり，結果の解釈も検査者の主観に左右されず機械的に結果を出すことができるなど，検査者に熟練を求めないが，一方で次のような問題が指摘されている。①質問項目によっては被検者にその意図が容易に推測されてしまうため，意図的にせよ，無意識的にせよ，問題がないように自分のことを良く見せようとしたり（偽陰性），あるいは問題がないのにも関わらず自分が問題を抱えているかのように悪く見せようとしたり（偽陽性）する被検者が出てくる可能性がある。②質問項目によっては被検者が全て同じように文面を理解しているとは限らない。たとえば「自分のことは自分で決めますか」といった質問に対して，全く他者と相談しないで決めることだと受け取る人もいれば，さまざまな意見を聞いてから最後は自分が決めることだと受け取る人もいるかもしれない。これは特に前提条件が曖昧なときほど生じやすい問題である。③質問内容を理解する言語能力と，さらにその内容を自分自身と照らし合わせて判断するだけの洞察力が求められる。

なお①の問題については，たとえばMMPIの妥当性尺度における虚偽尺度（L）など，一定以上の点数となったときに結果の解釈に注意を求めるなどの対策を施している検査も存在する。

（2）投影法

投影法はprojective methodの訳語である。これは何らかの物理的刺激に対して，何らかの内的な反応がスクリーンに投射されるように，客観的な形で顕在化することを表している。またprojectiveには，一対一対応のように，刺激と反応の対応関係を示す概念も含まれている。たとえばインクブロットのような物理的刺激と被検者のパーソナリティ特性との間には対応関係があると見なすのである。そのためには，物理的刺激は可能な限り漠然として曖昧なものの方が都合がよいとされている。なぜなら物理的刺激があまりに明確で具体的なものであると，当該の被検者が所属する社会や文化に特有の反応を引き起こしてしまい，被検者本人のみがもつ内的世界を表すことに繋がらないからである。ただし，刺激の曖昧さとは，たとえば描かれている図柄そのものが曖昧というよりも，そこで描かれている場面がどういう状況なのか，何を表しているものなのかといった解釈が幾らでも導き出されるような曖昧さがあることを意味している。言い換えると，投影法は刺激の曖昧さとともに，被検者の反応の自由度が極めて高い検査法なのだということができる。これは反応が選択制となっている質問紙法とは大きく異なる点である。

なお，小川（2001）は投影法の解釈における結果のゲシュタルト的見方の重要性を指摘している。先に述べたように，投影法は刺激と反応の対応関係を見る方法であるが，それでも個々の刺激と反応の対応関係やその特徴は多義的であり，ある反応と他の反応の関係における解釈的意味が全く異なることがある。そのために，反応全体を観るという要素間の相互依存性を重視する必要がある（小川，2001）。これは刺激と反応の関係性が極めて限定的にしか表れない質問紙法と大きく異なる特徴だと言える。

質問紙法の場合，先に説明した偽陰性，偽陽性といった問題が出てくることが考えられるが，一方，投影法はそうした回答上の操作を行うことは困難である。たとえばロールシャッハ・テストでは，何らかのインクプロット図版を示されて，自由に見えたことを回答するように求められるだけなので，被検者は質問者の意図を推し量ることができず，回答を偏向させることは難しい。ただし，そのために解釈には熟練した技術が必要となる。また，被検者の回答の自由度が高い分，標準化が困難であり，検査の妥当性という点から批判されることもある。

投影法において測定されるものとしては，上述のパーソナリティの他，欲求，動機，葛藤，病態水準などが挙げられ，それぞれ特有の検査が開発されている。代表的な検査としては，視覚刺激を用いるものとして，ロールシャッハ・テスト，絵画統覚検査（TAT），絵画欲求不満テスト（P-Fスタディ）など，言語刺激を用いるものとして，文章完成テスト（SCT），連想検査など，表現を重視するものとして，人物画テスト，バウム・テスト，HTPテストなどが挙げられる。なお，ロールシャッハ・テスト一つをとってみても，片口法，クロッパー法，エクスナー法など複数の解釈法が存在しており，解釈法を選択するだけでも，検査者は実施上の検討が求められる。

（3）知能検査

知能検査を語る上で外せない視点が，「知能とは何か」という問いである。単に頭が良いというだけでは，どのような能力を指しているのか分からない。さまざまなアイデアを出すことができるのか，複雑な問題を解くことができるのか，瞬時に難しい判断を下すことができるのか，我々の日常生活では色々なシチュエーションで「頭が良い」と評価される場面がある。しかしこれらの能力は単一のものではないであろう。したがって，知能を測定するためには，「知能とは何か」という点を明らかにする必要がある。つまり知能に関する操作的定義がなされることによって，初めて測定対象となるのである。

世界で最初の知能検査を開発したビネーは，知能を外界全体として再構成するために作用する認識能力と考えた。また知能は全体としてまとまった能力であり，問題場面では統一体として作用し，要素に分析することはできないとした（辰野，1995）。一方で，知能を複数の因子から構成されたものという因子説が出てきた。代表的なものとして，スピアマン（Spearman,C.E.）が提唱した知能はあらゆる検査に共通する一般知能因子と各検査に特有な特殊知能因子の２つからなるとする２因子説がある。スピアマンの２因子説はその後，一般知能因子が拡充され，個人の経験や教育によって獲得した結晶性知能と新しい環境への適応に関わる生得的な流動性知能の２つがあるとする説に発展している。そしてウェクスラーも知能を「目的的に行動し，合理的に思考し，環境を効果的に処理する総合的または全体的能力」と定義し，知能を単一能力としてではなく，質的に異なる複数の能力から構成されるものとして捉えた。

一方，因子分析による手法や知能に関する研究が進み，別の理論も発展している。ルリア（Luria,A.R.）は脳における高次精神機能のうち，外界からの情報の符号化と貯蔵に関係する機能に着目し，複数の構成要素を概観可能な一つの全体に集約したり，全体から要素を取り出したりといった機能を持つ「同時処理」と，１つひとつの情報の構成要素を連続的系列として統合し，構成要素を順番に活性化して要素を取り出すという機能をもつ「継次処理」の２つの情報処理様式を主張した（岡崎，2008)。このルリアの理論に基づき，カウフマン夫妻（Kaufman,A.S. & Kaufman,N.L.）は1983年にK-ABC（Kaufman Assessment Battery for Children）を開発し，日本においても1993年に標準化され，広く利用されている。

以上紹介してきた知能の定義以外にも多くの研究者が様々な定義を主張しているが，現在最も受け入れられている知能の定義は米国精神遅滞協会（American Association on Mental Retardation: AAMR）に基づく定義であろう。AAMRは知能を「推論，計画，問題解決，抽象的思考，複雑な考えを理解すること，学習を早く行うこと，そして経験から学習することを含んだ全般的な精神能力」と定義している（AAMR, 2002/2004）

上記のような理論的背景に基づき，これまでさまざまな知能検査が開発されてきた。知能検査は個別を対象に実施するか集団を対象に実施するかという検査の施行形態から分類することが可能であるが，ここでは主に個別を対象とした検査法について説明する。個別式知能検査の代表としてはビネー式知能検査とウェクスラー式知能検査が挙げられる。先述のように，現在のところ日本においてはビネー式知能検査については改訂版鈴木·ビネー知能検査と田中·ビネー知能検査Ⅴが，ウェクスラー式知能検査についてはWPPSI-Ⅲ，WISC-ⅣおよびWAIS-Ⅳがそれぞれ発売されている。

ビネー式知能検査の特徴としては，先に述べたように，知能を全体的にまとまった包括的能力であるとする知能観が反映されたものとなっており，複数の検査項目の総得点によって知能を算出する形式となっている。したがって，知能はどの年齢程度の問題に正答できたかで判断され，そして知能検査の結果も知能指数(Intelligent Quotient: IQ)で表される。知能指数とは，知能検査で測定された精神年齢を生活年齢で除して100倍して求められた数値のことである。具体的には，生活年齢10歳の子どもが知能検査の結果，12歳の精神年齢の数値を示したとき，その知能指数は120ということになる（このビネー式知能検査のIQをウェクスラー式知能検査の偏差IQ（後述）に対して比率IQと呼称することがある)。この考え方は直感的に理解しやすいが，しかしながら実際の知能は年齢が上昇するごとになだらかになっていくため，思春期以降ではこの算出方法の妥当性が低くなるという問題があった。

一方，ウェクスラー式知能検査の特徴としては，ビネー式知能検査のように，質問項目を年齢水準に従って一元的に並べた形式ではなく，ある特定の能力を測定するための複数の下位検査群から構成される形式をとっている点が挙げられる。そのため，全般的な知能指数を測定できるだけでなく，本人の得意・不得意の部分についてプロフィールを通じて判断することができ，具体的支援の方向性を探ることが可能となる。具体的指標としては，WPPSI-Ⅲでは２歳６ヶ月から４歳までは言語理解指標（VCI：知識など言語的課題に対する理解にかかわる能力），知覚推理指標（PRI：同一概念の事象を同定するなど視知覚にかかわる能力），語彙総合得点（GLC）の３つがあり，４歳以降はここに処理速度指標（PSI：視覚的な刺激を認識し問題解決に至る速さにかかわる能力）が加わる。WISC-ⅣとWAIS-Ⅳでは，言語理解指標（VCI），知覚推理指標（PRI），ワーキングメモリー指標（WMI：一定の時間記憶を保持することや記憶内容を操作する能力），処理速度指標（PSI）の４つがある。そして知能検査の結果も，精神年齢ではなく，偏差IQという指標を用いている。偏差IQとは，同年齢集団の知能分布を正規分布していると仮定し，個人の知能水準を同年齢集団の知能の平均値からのズレとして相対的に表したものである（吉住，2011）。偏差IQは個人が測定した時点での同年齢集団との比較を示したものであるので，異なる年齢時点における検査結果を直接比較することが可能となる。この場合，同年齢集団の平均を100，標準偏差を15に換算した偏差値をIQとして扱っている。

なお田中・ビネー知能検査Ⅴでは，14歳以上の成人級については原則として精神年齢を算出せず，同年齢集団の平均を100，標準偏差を16とする偏差IQであるDIQを算出するように変更がなされている。これにより，成人級の問題は結晶性，流動性，記憶，論理推理といった４領域に分けられるようになり，これまでの個人の全体的な知的能力の評価というビネー式知能検査の特徴に加えて，ウェクスラー式知能検査のような分析的観点をもった検査に変化している。

4. 心理検査における倫理的問題

臨床現場において心理学的支援を行う上で最も重要なことは，支援対象者であるクライエントを尊重し，その自由意思に基づいて支援が開始されることである。したがって心理検査もクライエントに実施される場合には，他の心理学的支援と同様に本人に対して説明を行い，同意を得る必要がある。この作業をインフォームド・コンセントと呼び，なぜその心理検査を実施する必要があるか，またその心理検査によって何がわかるのかを本人が理解できるように説明し，同意のもとに検査が実施されなくてはならない。支援者とクライエントとの間には支援する者－支援される者という上下関係が生じやすく，クライエントは支援者からの指示を拒みづらい状況に置かれる危険性がある。さらに心理検査を実施する側も，その心理検査に関して事前段階で習熟しておくことが必要である。誰でも最初は初心者であるが，それでも可能な限り仲間内で繰り返し練習しておくことや，当該の心理検査に関する講習会などに参加して研鑽を積んでおかなくてはならない。さらに検査結果についても，クライエントの理解に沿った形でフィードバックをする必要がある。ただし，具体的検査項目とその反応を基に説明することは当該の心理検査のネタバラシになってしまうので，あくまでも検査結果から見えてきたその人の心理的特徴について説明する姿勢で行わなくてはならない。

なお，研究目的でクライエントにとっては本来実施する必要のない検査を行う場合においては，それがあくまでも研究目的であることを説明した上で実施する必要があり，さらに，事前に所属する組織の倫理委員会から研究計画について承認を得ておくことは必須である。また事例研究などにおいて，本人の心理検査の結果や治療経過を公表する場合には，本人に対し事例開示の可否と開示する範囲についての確認をとり，書面で承諾を得ておかなくてはならない。さらに書面で承諾を得ていても，後日，開示を拒否してきた場合にはそれに応じる義務がある。研究者はあくまでも本人の情報を利用させていただく，というスタンスでいなければならない。

演習問題

1．心理検査と仮説的構成概念との関係性について説明してみよう。

解答のポイント

1．心理的事象は基本的に実在するものではなく，多くは仮説的構成概念である。それ故，当該の心理的事象を説明するための理論的背景を基に仮説的構成概念を形成し，それを表現するのに相応しい検査項目を作成・集約して心理検査を作成する。

引用文献

- American Association on Mental Retardation.（2002）Mental retardation: Definition, classification, and systems of supports, 10th Ed., Washington, DC: American Association on Mental Retardation.（米国精神遅滞協会編／栗田広・渡辺歓持（共訳）（2004）知的障害－定義，分類および支援体系　日本知的障害福祉連盟）
- 小川俊樹（2001）アセスメント技法研究（１）投影法（下山晴彦・丹野義彦（編）講座 臨床心理学２臨床心理学研究　東京大学出版会，pp.143-162）
- 岡崎慎治（2008）知能検査法（下山晴彦・能智正博（編）臨床心理学研究法１心理学の実践的研究法を学ぶ　新曜社，pp.179-192）
- 辰野千壽（1995）新しい知能観に立った知能検査基本ハンドブック（図書文化）
- 吉住隆弘（2011）ウェクスラー式知能検査（願興寺礼子・吉住隆弘（編）心理学基礎演習Vol.5　心理検査の実施の初歩　ナカニシヤ出版　pp.34-43.）

参考図書

- 願興寺礼子・吉住隆弘（編）(2011) 心理学基礎演習Vol.5　心理検査の実施の初歩　ナカニシヤ出版
- 下山晴彦・能智正博（編）(2008) 臨床心理学研究法１心理学の実践的研究法を学ぶ　新曜社

13 介入研究法

佐藤寛

≪目標・ポイント≫ 心理療法や心理学的支援などの介入の効果を明らかにすることを目的とした，介入研究法の基礎について学ぶ。介入法が有効とみなすことができる条件や，具体的な介入研究の手続きについて理解する。
≪キーワード≫ 介入研究，ランダム化比較試験，一事例実験デザイン

1. エビデンスに基づく心理療法

（1）心理療法の「エビデンス」とは何か

1950年代に「心理療法は本当に効果があるか」という議論が巻き起こった。代表的なのはアイゼンク（Eysenck, 1952）によるもので，神経症への心理療法には自然回復を上回る効果がないと主張するものであった。同様に，レヴィット（Levitt, 1957）は子どもを対象とした心理療法には時間の経過以上の効果はないと批判した。これらの批判は当時の心理臨床家たちから反発を受けたが，当時の心理臨床家たちはこうした批判に効果的に応えられるだけの実証的根拠（エビデンス）を十分に持ち合わせていなかった。

心理療法の有効性を主張するためには，実際に心理療法を実施してどのような効果が認められるかを検証する，介入研究法に基づいた研究が必要だった。アイゼンクらの批判以降，介入研究法に基づいて心理療法の有効性を支持するエビデンスが積み重ねられたことで，こうした批判は既に時代遅れのものとなった。エビデンスとは，客観的なデータに基

づく裏づけのことである。特定の心理療法の有効性を示すエビデンスが十分に得られている場合には，その心理療法は実際に効果があると考えてよい。

（2）エビデンスに基づく心理療法とは

現代の医学領域ではエビデンスに基づく医療（Evidence-Based Medicine: EBM）がスタンダードな考え方になっている。EBMとは科学的な良質のエビデンスを患者の価値観，背景，治療者の技能と統合して行われる医療とされる。心理療法の領域においてもエビデンスを重視する考え方（エビデンスに基づく心理療法）は近年広まりを見せている。アメリカ心理学会（American Psychological Association: APA）の臨床心理学部会特別委員会は，エビデンスに基づく心理療法の基準の整備に取り組んできた（Task Force on Promotion and Dissemination of Psychological Procedures, 1995）。最も厳しい基準をクリアした心理療法は「十分に確立された治療法」，これに準ずる基準をクリアした心理療法は「おそらく効果がある治療法」と呼ばれている。このいずれかの基準を満たした心理療法は，エビデンスに基づく心理療法として認められることになる[1]。

（3）エビデンスレベル

心理療法のエビデンスは「ある」か「ない」かの二択でとらえるものではなく，得られているデータの信頼性に応じてエビデンスの強弱，すなわちエビデンスレベルがある。エビデンスレベルは，「データがどの

1　正式には，「実証的に支持された治療法（Empirically Supported Treatment: EST)」と呼ばれる。

くらい信頼性のある手続きによって得られたか」という点で決まる。したがって，ある心理療法のエビデンスレベルを知りたければ，その心理療法の効果を検証した論文を読んで，データを取得した実際の研究手続きを確認することが重要になる。

図13-１に心理療法のエビデンスレベルの階層を示している。階層の上に位置するほど強いエビデンスであることを表し，下に位置するほどエビデンスとしては弱いことを表している。エビデンスに基づく心理療法の考え方では，よりエビデンスレベルの高い心理療法が重視される。したがって，メタアナリシスやランダム化比較試験によって有効性が確かめられている心理療法と，基礎研究しか行われていない心理療法があった場合に，他の条件が変わらなければ原則として前者を優先する。

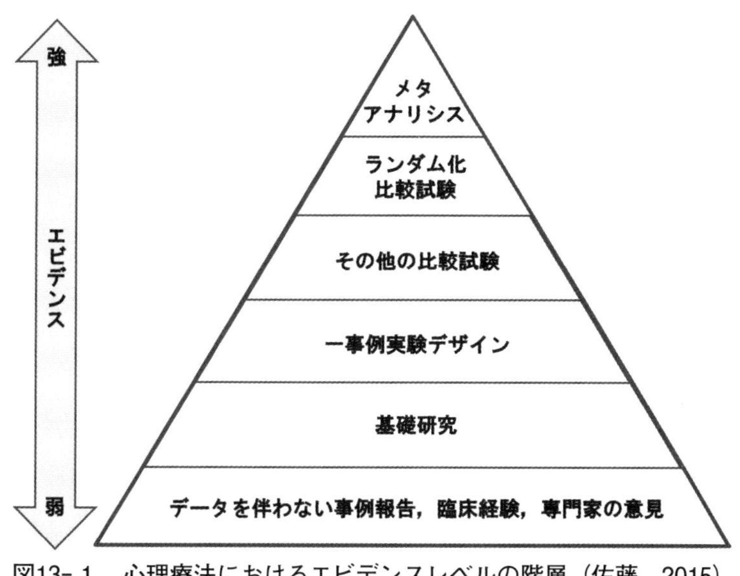

図13-１　心理療法におけるエビデンスレベルの階層（佐藤，2015）

2. 介入研究法のタイプ

（1）事例をもとにエビデンスと介入研究法を考える

あなたがカウンセラーになったところを想像してほしい。あなたのところに，軽症のうつ病の診断を受けたAさん（30歳，男性）がクライエントとして来談したとする。あなたはAさんに対する治療法として，どのような選択肢を考えるだろうか[2]。

（2）データを伴わない事例報告，臨床経験，専門家の意見

あなたは，少し前にうつ病の治療で有名なB先生の講演会で聞いた話を思い出した。B先生は，「うつ病の背景には幼少期のトラウマがあります。創作活動を通じてこうしたトラウマを自己表現させることで，うつ病から回復することができます。」と話していた。あなたはB先生の話をもとに，創作活動を取り入れた心理療法をAさんに提案するだろうか。

B先生の講演会において何らかの介入研究法に基づいた論文が引用されていれば別であるが，もしこうした根拠がいくら探しても見つからないのであれば，B先生の講演は「専門家の意見」にすぎない。「専門家の意見」というのはエビデンスがないわけではないが，介入研究法に基づくデータが得られていない段階であり，エビデンスレベルとしては最も低い部類に含まれる。

次にあなたは，同じ職場で働く先輩カウンセラーのCさんに相談をし

2　この例では説明をわかりやすくするために話をシンプルにしているが，実際にうつ病の治療方針を立てる際には現病歴，家族歴，一般神経学的所見を含むさまざまな背景をアセスメントする必要がある。詳しくは，日本うつ病学会（2016）などを参照のこと。

てみた。Ｃさんは，「同じような事例を何回か担当したことがあるけど，気持ちに寄り添って共感的に聞いてあげるとよくなってくるよ。」とアドバイスしてくれた。あなたはＣさんのアドバイスを取り入れて，Ａさんに共感的理解を中心としたカウンセリングを提案するだろうか。

先輩カウンセラーのＣさんのアドバイスも「専門家の意見」に留まるものであり，Ｂ先生の講演とエビデンスレベルという点では大きく異なるものではない。先輩カウンセラーのアドバイスは初心のカウンセラーにとって一般に有用なものかもしれないが，介入研究法に基づかない知見はエビデンスレベルという観点で見ると不十分である。

１つ注意してほしいのは，ここでは創作活動に基づく心理療法や，共感的理解を中心としたカウンセリングに意味がないと言いたいわけではない。これらの心理療法によって恩恵を受けるクライエントも存在する。ただし，エビデンスに基づく心理療法の重要な視点の１つとして，介入研究法による検証をされていない手法の優先度は低くなる，ということを理解しておく必要がある。

（3）基礎研究

あなたは，うつ病の治療に役立ちそうな情報を探してみようと思い，文献検索サービスを使って学術論文を調べてみた。検索の結果，興味深い論文がヒットした。その論文には，「うつ病の人は，うつ病でない人に比べて，ビタミンＢが不足している」という結果が示されていた。この論文のデータに基づけば，ビタミンＢを補うことでうつ病から回復することができるかもしれない。あなたはＡさんに，ビタミンＢの摂取を増やすような食事の改善法を提案するだろうか。

「エビデンスに基づく心理療法」では，研究によって得られたデータに基づいて治療方針を考えることは重要とされている。ただし，この例でヒットした論文は「基礎研究」と呼ばれるものであることに注意しなければならない。基礎研究は特定の現象について明らかにするという学術的価値は大きいものであるが，実際に支援を行う際の意思決定の根拠とするためには，１つ重大な問題点がある。それは，「研究の中で実際に介入を試しているわけではない」という点である。

この論文では，うつ病の人とうつ病ではない人の比較は行っているが，実際の介入は行っていない。うつ病の人にビタミンBの摂取を増やすような介入が有効であるかを知るためには，そのような介入を実際に行ってみて，うつ病の症状が改善するかどうかを確認しなければならない。介入を実施していない基礎研究だけでは，エビデンスレベルは限定的なものに留まる。

（４）一事例実験デザイン

実際に介入を行って効果を検証する方法は「介入研究法」と呼ばれている。エビデンスに基づく心理療法では，介入研究法を用いた研究の知見が特に重視される。

そこであなたは，うつ病に実際に介入を行っている論文を探すことにした。検索の結果，リラクセーション技法を用いた介入によって，うつ病の症状改善に成功した論文を探しあてた。その論文は図13-２のようなグラフが掲載されていた。

この研究は１名のうつ病患者にリラクセーション技法を適用した介入研究である。グラフにおいて「ベースライン」と示されているのは，介入を実施していない時期を表す。一方で「介入」と示されているのは，リラクセーション技法による介入を実施した時期を表す。縦軸はうつ病の症状を測定する尺度の得点であり，高いほどうつ病の症状が重篤であることを示す。図13-２を見ると，介入を実施していないベースラインの時期ではうつ得点が高く，リラクセーション技法を実施した介入の時期ではうつ得点が低くなっていることがわかる。あなたはこの論文の結果に基づき，Aさんにリラクセーション技法を用いた治療法を提案するだろうか。

この論文では実際にリラクセーション技法による介入が行われているため，介入研究法に基づく研究であると言える。この論文で用いられているのは，介入研究法の中でも「一事例実験デザイン」と呼ばれるものである（一事例実験デザインについては，第９章を参照）。一事例実験デザインはデータを伴わない記述的な事例報告などと比較すると，データに基づいて独立変数（たとえば，ベースライン vs. 介入）と従属変数（たとえば，うつ得点）の機能的関係を実証的に明らかにしようとする介入研究法であり，対象者においてその介入が効いたのかどうかを丁寧に検証できる点で優れている。一方で，一事例実験デザインにおける対象者数は１～数名と少ないことが通常であり，研究の結果が他のうつ病の人にも当てはめられるかどうかは慎重に結論づける必要がある。

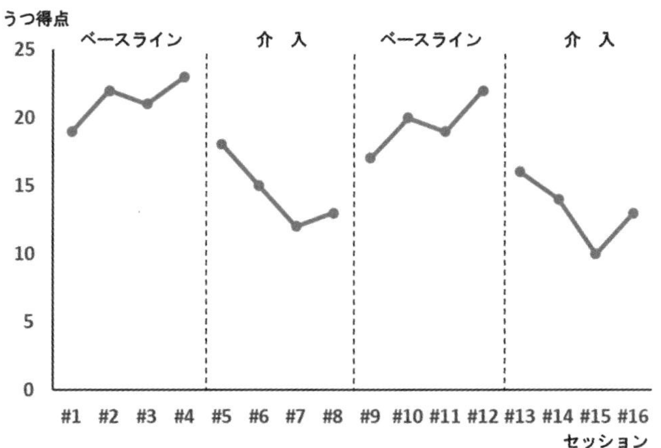

図13-２　一事例実験デザインを用いた介入研究の例

（5）ランダム化比較試験とその他の比較試験

あなたは介入研究法を用いた論文に絞り，文献検索を進めていった。その結果，２つの論文が目についた（それぞれ論文①，論文②とする）。２つの論文はとてもよく似た内容だったが，たった一ヶ所だけが違っていた。

まず，２つの論文の共通していた点を整理すると，どちらも対人関係療法という心理療法の有効性を介入研究法によって検証する論文であった。うつ病患者60名ずつを対象にしていて，半数の30名は対人関係療法を実施する介入群に割り付けられ，残り半数の30名は心理療法を行わずに話を聞くだけの対照群に割り付けられていた。介入群と対照群のそれぞれについてうつ病の症状のアセスメントを行い，介入前後における症状の程度を比較するというデザインで効果検証が行われていた。

２つの論文で大きく異なっていたのが，対象者を介入群と対照群に割り付ける方法であった。論文①ではどちらの群に割り付けられるかは無作為（ランダム）に行われていた。一方，論文②では治療者の判断によってどちらの群に割り付けられるかが決められていた。２つの論文の違いはこの一点だけである。あなたが対人関係療法をＡさんに提案するかどうかを判断する上で，より重視すべきは論文①だろうか，それとも論文②だろうか。

論文①で用いられているのは，ランダム化比較試験（randomized controlled trial：RCT）と呼ばれる介入研究法である（図13-３）。ランダム化比較試験は単独の研究で用いられるデザインとしては最も強固なものであり，エビデンスレベルの高いデータを得ることができる。ランダム化比較試験の最大の特徴は，群の割り付けがランダムに行われることによって，群の違い以外に従属変数（ここではうつ得点）の変動に干渉するさまざまな要因やバイアスの影響を最小限に抑えられる点にある。ランダム化比較試験において図13-４のような結果が示されれば，介入には効果があったと考えることができる。

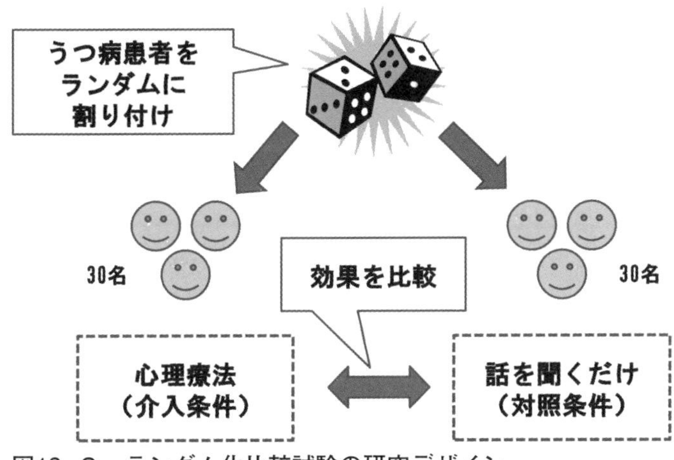

図13-３　ランダム化比較試験の研究デザイン

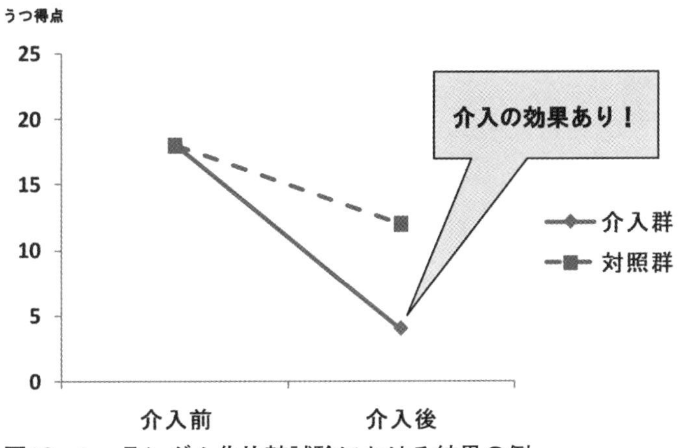

図13-４　ランダム化比較試験における結果の例

論文②では群の割り付けがランダムに行われていないため，ランダム化比較試験ではなく「その他の比較試験」に分類される。たとえ大規模な対象者数を確保した介入研究であっても，群の割り付けがランダムでなければさまざまな要因やバイアスがデータに影響を与えることになり，エビデンスレベルは大きく損なわれてしまう。

（6）メタアナリシス

メタアナリシスは単独の介入研究ではなく，過去に報告された複数の介入研究から得られたデータを統合することによって１つの結論を導く統計手法であることから，ここでは簡潔な説明にとどめる。たとえば過去に複数の介入研究が報告されていて，その結果が食い違っていた場合でも，メタアナリシスを行うことで一定の結論を得ることが可能になる。良質な介入研究（たとえば，よくデザインされたランダム化比較試験）を数多く含んだ最新のメタアナリシスは，現時点で手に入れることのできる最もエビデンスレベルの高い情報と考えられる。

演習問題

1．あなたは新米スクールカウンセラーとして小学校で働いている。ある日，注意欠如・多動症が疑われる児童が紹介されてきた。あなたは以前に聞いた講演会で，著名なベテランカウンセラーが「注意欠如・多動症の子どもにはソーシャルスキルトレーニングが効果的です」と話していたのを思い出した。あなたは自分が担当する上記のクライエントに，ソーシャルスキルトレーニングを実施すべきだろうか。考えてみよう。

2．一事例実験デザインはランダム化比較試験に比べてどのような欠点があるか，考えてみよう。

解答のポイント

1．ベテランカウンセラーが講演会で話していた，という事実だけでは「専門家の意見」であり，エビデンスとしては最も弱い部類に含まれる。より信頼性の高いエビデンスによってセラピーの有効性が確認されているかどうかをチェックする必要がある。また，注意欠如・多動症が疑われるのであれば，まずは医師の診察を受けることが重要である点を強調しておきたい。一般論として，児童期の注意欠如・多動症に対する治療法の第一選択肢は薬物療法である。また，心理療法を実施する場合にも，個別面接形式におけるソーシャルスキルトレーニングの効果は限定的であることが知られている。児童期の注意欠如・多動症への心理療法として最もエビデンスレベルが高いのは，行動論的ペアレントトレーニングなどの技法である。

2．いくつか回答のパターンは考えられるが，最大のポイントは一事例実験デザインが少数例に基づく研究法だという点である。一事例実験デザインは個別事例のデータを丁寧に検証するという面では優れていても，より一般性のある結論を導く上では制約がある。たとえば，一事例実験デザインによって特定の不登校児に心理療法の効果があることが示されるよりも，ランダム化比較試験によって効果が示された方が，他の多くの不登校児にも同じ心理療法が有効である可能性は高いと判断できる。

引用文献

- Eysenck, H. J. 1952 The effects of psychotherapy: An evaluation. Journal of Consulting Psychology, 16, 319–324.
- Levitt, E. E. (1957). The results of psychotherapy with children: An evaluation. Journal of Consulting Psychology, 21, 189-196.
- Task Force on Promotion and Dissemination of Psychological Procedures. 1995 Training in and dissemination of empirically validated psychological treatments: Report and recommendations. The Clinical Psychologist, 48,3-23.
- 日本うつ病学会（2016）．日本うつ病学会治療ガイドラインII. うつ病（DSM-5）／大うつ病性障害　日本うつ病学会気分障害の治療ガイドライン作成委員会

参考図書

- 石川信一・佐藤正二（編）『臨床児童心理学：実証に基づく子ども支援のあり方』（ミネルヴァ書房，2016年）
- 原田隆之『心理職のためのエビデンス・ベイスト・プラクティス入門：エビデンスを「まなぶ」「つくる」「つかう」』（金剛出版，2015年）

14 心理学研究の倫理 1
——基礎的研究の実施のために

三浦麻子

≪目標・ポイント≫ 心理学研究は社会的な営みであり，実施の際はそれにふさわしい倫理を遵守することが求められる。本章では,研究プロセスで「なすべきこと」を参加者への配慮に関するものを中心に,「やってはいけないこと」をデータ収集や分析段階に犯してしまいがちな行為を中心に，具体的に紹介する。科学としての信頼性を維持しつつ，研究プロセスの倫理性を保つための制度的な取り組みについても解説する。
≪キーワード≫ 研究倫理，倫理審査，問題のある研究実践（QRPs），出版バイアス

1. 研究における倫理

倫理とは，社会生活において善悪をわきまえて正しい行為をなすために守るべき規範のことである。心理学研究も社会的な営みの1つであるから，当然それにふさわしい倫理を遵守することが求められる。そのためには,研究実施に際して「なすべきこと」と「やってはいけないこと」の両方をきちんと把握することが必要である。

本章では，研究倫理のうちまず「なすべきこと」を，参加者への配慮を中心に具体的に紹介した上で，これを遵守するための制度として倫理審査について解説する。次に「やってはいけないこと」を，特にデータ収集や分析段階に犯してしまいがちな行為を中心に具体的に紹介した上で，これを抑止するためのシステムとしてオープンデータ，制度として

事前審査付き事前登録について解説する。

2. 研究実施に際して「なすべきこと」

(1) 個人の尊厳と人権の尊重

心理学研究の主たる対象は生きた人である。そして，多くの場合，人に何らかの働きかけをして（刺激を与えて），それに対する反応をデータとして収集する。つまり，心理学研究は，誰がどういう主旨で実施するものであれ，また程度の差こそあれ，参加者に，あるいは参加者が属する社会に影響を与える行為である。研究者はまずこのこと，つまり，自らが知りたいことに関する情報を得るために，参加者の生命活動に介入していることを強く自覚する必要がある。これを踏まえれば，なすべきことは自ずと定まる。研究者は，あらゆる点において参加者を保護し，その尊厳と人権を尊重しなければならない。

(2) 最小限のコストやリスク

研究において何よりも優先されるのは，参加者の安全である。参加者にとっての研究参加は，たとえごくわずかではあれ時間やエネルギーを含めたコストのかかる行為であり，また危害となるリスクを伴う可能性もゼロではない。研究者は，こうしたコストやリスクを事前に十分に精査して，できる限り最小限に抑えるよう留意する必要がある。同意を得たのだから許される，謝礼を払うのだからお互い様だ，というわけではない。例えば脳波計測は参加者を長時間にわたって拘束するから身体的な疲労につながる可能性がある。社会心理学では，「負のフィードバック」の効果を検証するためと称して参加者にある課題に取り組ませた上で成績が悪かったと告げたりすることがあるが，これは参加者を心理的に傷つける可能性がある。参加者にそこまでのコストをかけさせて，あるいはリスクにさらしてまで研究を実施することは妥当なのかという点を，研究者は常に自問自答しなければならないし，またその妥当性は公に説明できるものでなければならない。

（3）説明責任

研究者は，研究の目的や意義，そして方法の妥当性を社会的に説明できなければならない。そして，個人の情報やデータを収集するにあたっては，これらについて参加者（参加者が乳幼児などで説明を理解する能力がない場合には，保護者や後見人など）に分かりやすく説明し，同意を得なければならない。事前説明と同意（インフォームド・コンセント（informed consent）ともいう）において重要なのは，参加者に途中離脱の自由を保障することである。実験であれば，申し出があればすぐに中断すること，それにより参加者が不利益を被ることはないことを明確に説明する必要がある。調査であれば，通常は質問票の表紙（Webを利用したオンライン調査であれば冒頭の画面）に，答えたくない質問には答えずに先に進んだり，途中で協力をやめてもよいことを明記しておく。

研究の性格上，十分な事前説明ができない場合もある。例えば，本来の目的を知ることが結果に影響を与える可能性がある場合は，事前にはその可能性の少ない虚偽の目的を伝えることがある。これをデセプション（deception）という。こうした場合は，当然参加者を「騙したまま」で研究を終えてはならない。事後に，デセプションが行われたこと，その必要性について丁寧に説明してから，データ使用について同意を得る手続きが必要とされる。これをデブリーフィング（debriefing）という。

（4）個人情報・データの保護

心理学研究の実施は，参加者の個人情報に接する機会ともなる。研究上知り得た個人情報は守秘しなければならない。参加者の同意を得ずに，当該研究以外の研究を含めた他の目的に使ってはならない。もし，参加時に説明して同意を得た範囲を超えた利用をしたいということになれば，その内容を説明して，改めて同意を得る必要がある。

データを保管する際も，個人を特定しうる情報のセキュリティは厳格に確保し，さらに，個人情報以外の情報と容易に紐付けできないような工夫をするべきである。例えば参加者の実名を把握しておく必要があったとしても，分析対象とするデータではID番号を振るなどして記号化・匿名化した上で，実名とIDを紐づけられる資料とは分離して保管する。また，個人情報を収集していなくても具体的な測定内容からそれが類推できる場合もあるので，論文やレポートでは，必要がない限りは集計・統計処理されたデータのみを報告し，個別データに仔細にわたり言及するようなことはしない。研究が終了し，一定期間をおいてデータを破棄する場合も，個人情報の流出を防ぐ細心の注意が必要である。

また，ソーシャルメディアなど，個人がふと思いついたことを発言するのに適している一方で，高い記録性と情報伝播性をも兼ね備えた場が数多くあることにも注意した方が良い。「今日の実験にこんな参加者が来た」と投稿するだけでも個人情報の漏洩に当たる場合もある。たとえ削除しても情報の一人歩きは簡単には止められない。一度漏洩してしまうと取り返しがつかないと考えて，慎重に当たるようにしたい。

(5) 成文化された「なすべきこと」

ここまでに挙げたような「なすべきこと」を成文化したものが，日本あるいは世界の主要学会や専門職団体（日本心理学会，アメリカ心理学会など）によって策定・公開されている「倫理規程」「倫理綱領」「行動規範」といった文書である。

日本において「倫理を遵守せよ」というのがただのお題目ではなくなり，何をどのように守るべきかを具体的に明示する試みが行われるようになってからの歴史は実はまだ浅い。日本心理学会の倫理規程（第３版・2009年公開）の「刊行にあたって」には「日本心理学会が，具体的に「倫理」に意識を向けるようになったのは，1988年になってからであった。種々の検討を経た後，本学会の倫理規程としては，理念的精神を表した，短い綱領で十分であろうということになった。（中略）今回，倫理委員会の精力的な検討と真摯な努力，および会員をはじめとする諸賢のご協力により，本学会初となる「社団法人日本心理学会倫理規程」が制定されたことは，日本心理学会80年余の歴史上，画期的な成果であるといえよう。」とある。そして，44ページにもわたる大部の文書がこれに続く。規程策定までの心理学者が倫理を遵守せず研究していた，と言いたいわけではないが，あくまで理念的なものしか謳われず曖昧だったことは事実であり，領域間，研究者間で解釈に差異があったことも想像に難くない。さらに言えば，少なくとも現状では，皆さんが教えを乞う大学教員の中に，研究倫理について体系的な大学・大学院教育を受けた経験をもつ者はあまりいない（著者にもその経験はない）。これから心理学を始めようとする皆さんこそが「なすべきこと」をきちんと学び，それを踏まえた上で心理学研究法を習得する第一世代なのである。

（６）倫理審査

ある研究が，参加者への配慮を中心とした「なすべきこと」を着実に遂行するものであることを公に説明し，それを保証する手続きが倫理審査である。倫理審査を行う委員会のことを英語でInstitutional Review Boardということから IRB とも称される。現在の心理学研究は，当該研究を実施する研究者が所属する研究機関（例えば，大学）において，あらかじめ実施計画に関する詳細が倫理規程を満たす適切な内容であるかどうかの審査を受け，認められたもののみが実施できる，というシステムが整えられてきている。

倫理審査を受ける研究者は，研究に着手する前段階で，倫理審査委員会に研究計画を詳細に記述した申請書を提出する。その際は例えば表14-１のような事項に関する説明が求められる。研究によって生じる可能性のあるコストやリスクとそれらへの対処方法を倫理審査委員会と共有して，それらが許容範囲であることの確認を求めるのである。例えば，参加者の感情を操作する目的で不快感や嫌悪感を抱かせるような写真や動画を用いるのであれば，利用予定の刺激を審査資料として提出し，研究目的を達成するために妥当かつ必要な手続きであると認められる必要がある。審査委員会から修正要求や指摘があれば誠実に対応し，実施の承認が下りて初めて研究に着手できる。

表14-１　倫理審査の要説明事項（関西学院大学「人を対象とする行動学系研究」の事例（2019年現在））

目的
研究対象者および参加者の選定
方法・実施場所・実施期間
実施に伴うリスクとその対応
倫理上の配慮，および同意の方法
個人情報の保護および研究成果の公開に関する配慮
データの保管場所・管理方法
特記事項（共同研究の場合の業務分担等）

つまり，倫理審査とは，ある研究計画の全体をその着手前に第三者が確認することによって透明化する手続きである。この手続きを踏むことで，研究機関は，所属する研究者の研究活動を「監視」するのと同時に，

研究実施に際して発生する問題について共同責任をもち，研究活動を「保護」する役割も担うことになる。心理学は，「心の働き」を科学的に探究する学問であり，研究の実施は参加者のそれへの介入である。だからこそ倫理的な問題も発生しやすい。たとえ研究者が，優先されるべきは参加者の保護だと自覚していたとしても，「なすべきこと」を研究者のみの判断に委ねるべきではない。判断基準を倫理規程という外的なものに求め，また最終判断を外部委員の審査に委ねる，つまり研究にゴーサインを出す役割を研究者自身ではなく研究機関が担うことで，倫理を遵守した研究であるという担保がなされることになる。

なお，実験実習や卒論研究など公表を前提としない研究活動について，それを前提とするものと同様の倫理審査が必要かどうかは議論が分かれるところである。しかし，たとえ審査が不要だとしても「なすべきこと」を軽んじてよいわけがない。自分が知りたいことを究明するために他者の心にアプローチすることは，その他者の心や身体に少なからず影響をもたらすのだということを常に念頭に置くようにしたい。

3. 研究実施に際して「やってはいけないこと」

（1）問題のある研究実践（QRPs）

本節では，研究実施に際するモラル違反，すなわち「やってはいけないこと」に焦点を当てて，特にデータ収集や分析段階で犯してしまいがちな行為を中心に具体的に紹介する。その核心は，研究とは「出したい結果を出す」ための行為ではないにも関わらず，人間とはそうしたがるものだ，というところにある。

図14-１は，ダンテ『神曲』地獄篇のパロディを用いて，心理学研究にありがちな研究不正を９段階の「地獄」として紹介したものである(Neuroskeptic, 2010)。各地獄の内容は表14-２に示した。漏斗状の大

穴をなす地獄の世界は，階層を下に行くに従って罪が重くなり，第４地獄（Ⅳ）と第５地獄（Ⅴ）を境として比較的軽い罪と重罪に分けられている。重罪とされているのは，得られたデータをありのままに公表するのではなく，一部だけを使ったり，直接手を加えたり，果てはないものを作り出したりする，データそのものを故意に加工する行為である。これらはわざわざ説明せずとも明らかに不正だとわかるだろう。

むしろ研究者が留意すべきなのは，第３地獄「後付けで話を作る」や第４地獄「こっそりと望むp値を手に入れる」のように，比較的軽いモラル違反，データ収集や分析段階についやってしまいがちな，そしてこれまでは多くの研究者が罪だとも思っていなかったかもしれないような行為の方である。こうした行為は総称して問題のある研究実践（Questionable Research Practices; QRPs）と呼ばれている。

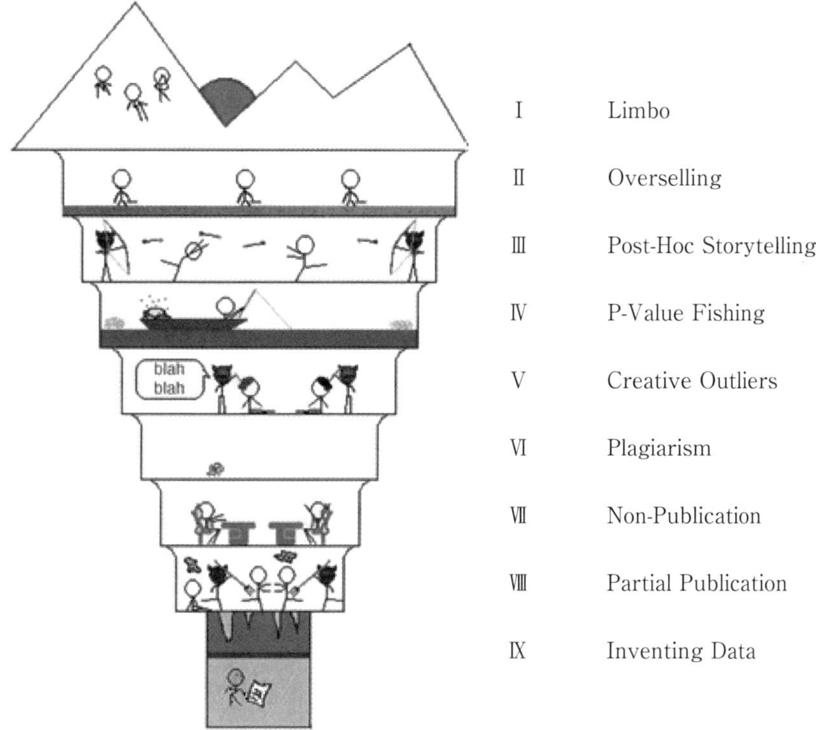

図14-１　科学版地獄篇（Neuroskeptic, 2010）

表14-２　研究不正の「地獄」９段階

第１地獄：問題のあるやり方を見て見ぬふり
第２地獄：過大に自分の研究を売り込む
第３地獄：後付けで話を作る
第４地獄：こっそりと望むp値を手に入れる
第５地獄：外れ値を都合のいいように使う
第６地獄：剽窃・盗作
第７地獄：都合の悪いデータを公開しない
第８地獄：都合の良いデータだけを選んで公開する
第９地獄：データの捏造

（2）仮説の後付け

第３地獄のQRPは，仮説の後付けである。Hypothesizing After the Results are Known.（結果が分かった後に仮説を立てる）の頭文字を取ってHARKing（ハーキング）とも呼ばれている。研究を実施してデータを集め，分析した後になって，さあ検証する仮説を決めようというのだから，データが支持する仮説を簡単に立てられるに決まっている。心理学研究の多くは仮説検証的なスタイルで行われる。つまり，まず仮説ありきで，研究はその仮説を検証するために計画･実施されるものだから，本来，仮説の後付けはまさに本末転倒，のはずだ。しかし，人間が陥りやすい認知的バイアスの１つ，物事が起きてからそれが予測可能だったと考える後知恵バイアス（hindsight bias）が働くと，こんな行為につながることがある。分析結果に依拠して生まれた「どうやらこういうメカニズムが働いたようだ」というアイディアを，それが当初の仮説と異なっていても，さも最初からそう考えていたかのようにストーリーを作り直してしまうのである。

一方で，仮説を支持する結果が得られた場合は，当然そこにもあり得るはずの，仮説とは異なる立場からの解釈可能性を考えることはあまりないし，本当は意味がない「たまたま出た」だけの結果，つまり偽陽性（false-positive）である可能性に思いをはせることも少ない。ここには，仮説や信念を検証する際にそれを支持する情報ばかりを集め，反証する情報を無視または集めようとしない確証バイアス（confirmation bias）傾向が関わっている。公刊された研究論文には設定された仮説が首尾良く検証されたと主張するものが多いが，仮説の後付けや偽陽性の無視によるものが含まれているかもしれない。

(3) p値ハッキング

第 4 地獄のQRPは，p値ハッキング（p-hacking）という言葉でよく語られる。これは「得られた」データの分析結果を解釈する時点で行われる仮説の後付けよりやや罪が重い行為である。なぜなら，どのようなデータを「得られたことにする」かをこっそり操作するからである。改変や捏造や部分的使用ではないにせよ，データに手をつけている。

「ハッキング」はコンピュータ内部のデータやWebサイトの改変などが不正に行われた場合によく使われる言葉だが，ここで不正侵入を受け，改変されてしまう対象はp値，つまり有意確率である。第 3 章で述べたとおり，有意確率は統計的仮説検定でデータ分析の結果が統計的に有意かどうかを判断する際に用いられる統計量である。この有意確率が有意水準（心理学ではたいてい0.05）を下回れば，帰無仮説を棄却し，本来想定していた仮説を採択するという結論を下す。この手続きをはき違えて「有意確率が0.05を下回る結果さえ得られればよい」という考えに行き着くことがある。この考えを実践し，有意確率を有意水準未満に導こうとする行為がp値ハッキングである。

p値ハッキングが行われがちなのは，当初想定した十分な数のデータを取った時点で分析をしてみると，仮説が支持されたと断言はできないが，全く支持されなかったと言うのもどうかと思うような微妙な結果，つまり0.05をわずかに上回るような有意確率が得られた場合である。ここから，データを 1 人分足しては検定をし，また足しては検定し，を繰り返した挙げ句，ある時点で有意確率が0.05を下回ったとする。しめたとばかりにここでデータ収集を打ち切るのがp値ハッキングである。有意確率が0.05を下回るケースがたった 1 回生じただけで，それを安定した結果であると見なしてかまわないのか。冷静であれば「まぐれ当たり」ではないかと考えられるかもしれないが，確証バイアスが働くとそうはならない。それがまさに「出したい」結果だからである。

(4) 出版バイアス

仮説の後付けやp値ハッキングは，明らかな不正行為とは言いにくいがゆえに，「出したい結果が出せるなら」という誘惑にかられがちなモラル違反である。「仮説を立て，それを検証するために研究を実施する」という手続きそのものの中に，研究者の心理と行動に負の影響をもたらす要素が潜んでいることに自覚的になる必要がある。

こうした「出したい」結果を出すための行為が蔓延してしまった原因のひとつが，否定的な結果が出た研究は出版されにくいという出版バイアス（publication bias）の存在である。ここでの否定とは仮説に対するもので，「仮説として設定したような関係は存在しなかった」と主張する論文は出版されにくい。何かが「存在しない」ことの証明は悪魔の証明とも言われ，不可能だということも影響するのだろうが，かといって心理学研究の知見は「存在する」ことを示すデータがただ1つあるだけで存在が確約されるわけではないし，それを否定する知見を示す研究が無価値なわけではない。にもかかわらず否定的な結果は掲載されにくいために，研究者たちはそれを公開せず，デスクの引き出しの中に「お蔵入り」させてしまうことが多い。研究者個人は仮説を否定する結果を「お蔵入り」させることで論文不掲載の憂き目に遭わずにすむが，学界には仮説を肯定する結果ばかりが選択的に蓄積される。これは科学が本来追究すべき真実の隠蔽につながる危険性がある。

4. 問題のない研究実践のために

(1) モラル違反を抑止するシステムや制度

こうした状況を鑑みると，モラル違反は研究者個人の良心に任せるだけでは抑止しにくいと考えざるを得ない。となれば，必要とされるのは研究を集積する側のシステムや制度の整備である。

まず，第三者が研究に関する（論文に掲載されている以外の）情報を詳しく知ることができ，研究の信頼性や妥当性を検証できる環境を整える必要がある。つまり，研究の透明性（transparency）と開放性（openness）の確保である。研究材料（実験に使った刺激画像，調査票に含めた項目など）や詳細な手続き（実験の教示文や観察した行動を分類する際のカテゴリとその具体例など），分析方法（変数の作成方法や分析プログラムのスクリプトなど），あるいは収集したデータそのものなどを，誰でも利用できる形で公開することによって実現される。これをオープンデータ（open data）という。学術誌に掲載される論文は紙幅の上限が決まっていて，研究に関する情報のすべてを含められない場合が多い。そういう場合は付録（supplementary material）として公開する。これによって，研究結果の再現性の検証や二次分析（研究者本人以外が収集したデータ（二次データ）を用いた分析），あるいはメタ分析（統計的分析のなされた複数の研究を収集し，いろいろな角度からそれらを統合・比較する分析）などが可能になる。こうしたシステムの発展には，学術資源の公開に際するインターネットの活用が大きく寄与している。

卒業論文や修士論文などの場合は，紙幅の上限が設定されていることは少ないだろうから，研究材料やデータについてもなるべく本文で詳しく記述するのがよいだろう。しかしそれによっていたずらに紙幅だけが増えて読みにくくなるなら，適宜付録を活用しよう。刺激に動画を用いた場合などは，Webで参照可能にするのも一案である。同じ研究室の後輩たちを思い浮かべて，「この論文さえ読めば，自分の研究をかれらがそっくりそのまま追試できる」ように書くのを目標にするとよい。

(2) 研究計画の事前登録

オープンデータによって，第三者が研究に関する（論文に掲載されている以外の）情報を詳しく知ることができ，研究の信頼性や妥当性を検証できる環境を整えたとしても，そこにQRPsが含まれており，またそれが出版バイアスをくぐり抜けるために糊塗されていたとしたら意味がない。QRPsは研究に着手した後，データ収集から分析へと進めて行く過程で発生しやすいのだから，そこでのモラル違反を抑止するためには，「正」の研究手続きをあらかじめ定めておき，これを第三者に向けて公開することが効果的だと考えられる。これが事前登録制度（pre-registration system）であり，これを出版側のシステムに取り入れ，なおかつこの時点で審査をするのが事前審査付き事前登録制度である。

この制度が画期的なのは，これまでの論文は研究が終了してから学術誌に投稿されるものだったのを，データ取得以前の投稿を求める点である。つまり，著者は研究の目的，研究計画，取得予定のサンプルサイズ，統計分析手法などを投稿し，その内容が審査される。そして，審査を通過した研究は，その内容をタイムスタンプ（登録日時）と共に事前登録して，その時点以降の改変が不可能になるよう「凍結」される。その後実際にデータが収集され，得られた結果がどのようなものであろうと（もちろん論文として一定の質が確保されている必要はあるが），その報告がその学術誌に掲載される。

論文掲載基準として事前審査に重きを置くことで「仮説を肯定する結果でなければ掲載されない」という出版バイアスの抑止が期待できる。研究報告が受理・出版されるかどうかの判断基準として，序論（研究の目的や意義を論じる部分）や方法の適切性が重視されるようになれば，研究者が「仮説を支持する結果が掲載されやすい」という基準に合わせるためにデータや推論を事後的に補正しようとする動機を低減させることができる。出版バイアスが小さくなれば，さまざまなQRPsを行う必然性も小さくなり，データ分析とその解釈が人間の認知的バイアスによって歪められる可能性が小さくなるということだ。

学術誌に事前に研究計画を開示し，審査を受けることが，アイディアの盗用や探索的分析の制約につながるのではないかという危惧もある。しかし前者は倫理審査にも同じことが言え，後者は探索的分析があたかも検証的分析であるかのように語られることを防ぐことが目的なのだから，仮説検証の範囲を事前登録の時点で明示することで解決できる。こうした制度的改革は，現時点で既知の出版バイアスとそれによるモラル違反の多発を防ぐのに有効であろう。

卒業論文や修士論文などの場合は，事前の研究計画に対して誠実であり続けることに対する障壁は少なく，学術誌への掲載の採否に比べれば出版バイアスの影響を受けることは少ないはずである。研究計画を綿密に立てることの重要さを自覚し，「仮説どおりの結果を得る」「統計的に有意な結果を得る」ことが研究目的ではないことを強く意識しよう。

演習問題

1. 研究実施に際して研究者がもっとも留意すべきことは何だろうか，またそれはなぜだろうか。
2. 倫理的な観点から研究を正しいものにするための制度やシステムにはどのようなものがあるだろうか。
3. 研究倫理の遵守を研究者の自助努力のみに委ねることが適切ではない理由を考えてみよう。

解答のポイント

1．あらゆる面で参加者を保護する配慮をすることである。その理由は，心理学研究は，研究者が知りたいことを手に入れるために参加者の生命活動に介入する行為であるからである。
2．研究倫理審査，オープンデータ，事前登録制度などがある。
3．「研究したい」という強い気持ちが参加者保護に先んじる危険性があったり，研究手続きそのものの中に，研究者の心理と行動にもたらす（負の）影響が潜んでいたり，あるいはそもそも人間が認知的バイアスから完全に自由になるのは難しいからである。

引用文献

- Neuroskeptic (2010). The 9 circles of scientific hell. http://neuroskeptic.blogspot.jp/2010/11/9-circles-of-scientific-hell.html

参考図書

- 三浦麻子『なるほど！心理学研究法』（北大路書房，2017年）

15 心理学研究の倫理２
――臨床的研究の実施のために

佐藤寛

≪目標・ポイント≫ 臨床心理学分野を中心に，臨床的な研究を実施する上で求められる研究倫理について概説する。配慮が必要な対象者や心理学的介入の実施など，臨床的な研究に特徴的なリスクについて学び，研究倫理委員会の役割について知る。
≪キーワード≫ 研究倫理，臨床心理学系研究，研究倫理委員会

1．臨床心理学系研究の倫理とは

（1）研究の倫理と実践の倫理

研究倫理の基本的な考え方として，「研究（research）」と「実践（practice）」は区別してとらえることが重視される。特に臨床心理学分野では研究と実践の双方に関わる機会が多いことから，研究の倫理と実践の倫理は混同されやすいので注意する必要がある。臨床心理学において，「仮説を検証して結論を導き，一般化できる知識に貢献する活動」は研究である。通常，研究は研究計画書に基づいて行われ，原則として事前に研究倫理委員会による審査を受ける必要がある。一方で，「アセスメント，予防，治療を通じて対象者の福利を高めること“だけ”を目標とした介入」は実践である。実践は原則として研究倫理委員会による審査の対象ではない。ただし，実践から得られた知見を振り返って学術論文や学会発表にまとめる場合は，研究倫理委員会による事前審査は必

ずしも求められないが，対象者に一定の倫理的配慮を行う必要がある。

研究における倫理は「研究倫理」と呼ばれる。臨床心理学における研究倫理には，①研究不正行為に関する倫理，②人を対象とする研究の倫理，③利益相反，④公的研究費の取り扱い，などが含まれる（表15- 1）。

実践における倫理は「職業倫理」との関係が深い。臨床心理学における職業倫理には，①教育・トレーニング，②カウンセリングと介入，③アセスメント，④福祉的支援，⑤司法，メディアとその他の社会的発言，といった要素が含まれる（表15- 2）。

この授業は研究法の授業であるため，上記のうち臨床心理学の研究倫理に焦点を当てる。臨床心理学の職業倫理については，関連学協会の倫理規定等を参照のこと（たとえば，一般社団法人日本臨床心理士会，2009；公益社団法人日本心理学会，2011）。加えて，この授業は臨床心理学系研究で特に問題にされる，「人を対象とする研究の倫理」を中心に特に焦点を当てる。研究不正行為に関する倫理（たとえば，ねつ造，改ざん，盗用など）などの心理学研究全般に関する内容は第14章を参照すること。

表15- 1　臨床心理学における研究倫理

①研究不正行為に関する倫理
　＊ねつ造，改ざん，盗用
　＊二重投稿，オーサーシップの問題・・・など
②人を対象とする研究の倫理
　＊個人情報の取り扱い
　＊インフォームド・コンセント
　＊特別な配慮を要する対象者・・・など
③利益相反
④公的研究費の取り扱い

表15-２　臨床心理学における職業倫理

①教育・トレーニング
　＊人権への配慮，個人情報の保護・・・など
②カウンセリングと介入
　＊インフォームド・コンセント，守秘義務・・・など
③アセスメント
　＊結果の伝達，乱用の禁止・・・など
④福祉的支援
　＊障害者への配慮，不当な対価要求の禁止・・・など
⑤司法，メディアとその他の社会的発言
　＊知見や意見の専門性・・・など

（２）研究倫理の構造

研究倫理についてしばしば聞かれる誤解に，「研究倫理はモラルの問題であり，常識的に考えて判断すればよい」というものがある。しかしながら，研究倫理はモラルの問題ではなく，常識的に考えればよいというものでもない。

研究倫理とは，学術の長い歴史において形づくられてきた研究者コミュニティにおける合意（コンセンサス）に基づく。倫理とは個人の価値観を多少なりとも含むものであることから，判断基準にできる限りばらつきが生じないような合意形成が欠かせない。

図15-１に，研究倫理の基本的な構造を示した。まず最も基本となるのは法令などの国家による規制である。法令は厳密には研究倫理とは別のものであるが，原則として研究を行う際には関連法令を十分に理解し，遵守しなければならない。

次に，研究者が所属する学協会や所属機関によって定められた指針がある。これらは各団体が所属する構成員に課している規制であり，その団体の構成員は原則としてこれを遵守することが求められる。

最後に，個人の思想信条が挙げられる。私たちが研究を実施する際に直面する倫理的な問題についての対策が，すべて法令や所属団体の指針に書き込まれているとは限らない。特に，新たな研究領域に挑戦する場合などは，これまで想定されていなかった倫理上の問題に出くわすことも十分に起こり得る。当然ながら，法令や指針で禁じられていなければ何をやってもいいわけではない。研究を行う私たち一人一人が高い倫理的見識を持ち，自身の研究に向き合うことが求められる。ただし，個人の思想信条は時に対立することもある。研究計画上の倫理的問題について思想信条の範囲での食い違いが起きた場合には，必要に応じて研究倫理委員会での議論が行われることになる。

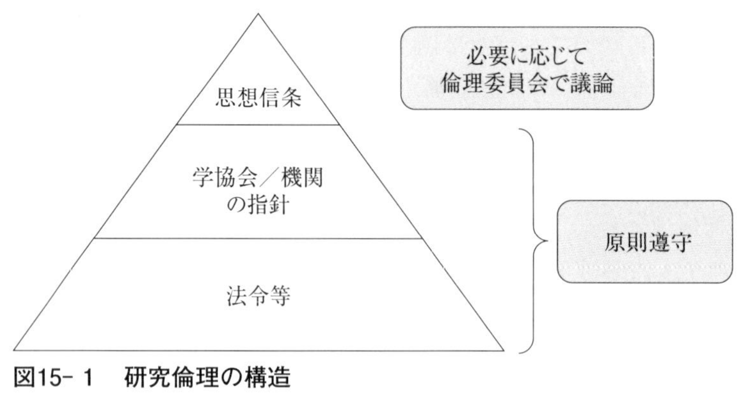

図15-1　研究倫理の構造

（3）研究倫理委員会

臨床心理学分野では，人を対象とする研究が行われる場合が多い。人を対象とする研究を実施する際には，その実施の適否について研究倫理委員会による審査を事前に受けることが求められる[1]。

研究倫理委員会の基本的な役割は研究対象者の保護である。研究倫理委員会は，申請者から提出された研究計画書に基づき，その研究が実施されることによって対象者の人権が傷つけられることがないかどうか審査して，その適否を判断する。

2. 標準化された研究倫理教育

（1）標準化された研究倫理教育はなぜ必要か

「研究倫理はモラルや常識の問題ではない」というのは先に説明したとおりである。個人の思想信条は研究倫理の重要な要素の１つではあるものの，研究倫理について適切な判断力を身につけるためには高等教育などを通じた専門的なトレーニングを受けることが不可欠である。

わが国において研究倫理に関する専門的なトレーニングが大学などの高等教育機関で行われるようになったのは比較的最近のことであり，かつては大学の研究者でさえ「研究倫理は常識的に判断すればわかる」と考えていた。したがって，大学に設置された研究倫理委員会において，審査委員の方も専門的なトレーニングを受けていないというケースがしばしば起こり得た。このような状況下では，法令や所属先の指針といったルールに基づく判断よりも，個人の思想信条が幅を利かせることになり，研究倫理委員会のメンバーによって判断にばらつきが生じやすくなる。結果的に，重大な倫理違反を抱えた研究を見過ごしたり，些末な問題点をことさらに大きく取り上げたりといった，審査手続き上のトラブルが起きやすくなってしまう。

このようなトラブルを防ぐために，現在では研究倫理に関する専門的なトレーニングを受けることのできる標準化研究倫理教育コンテンツが

1　研究倫理委員会での事前審査が必要かどうかは，研究者の所属機関のルールによる。判断に迷う場合は，自身の所属機関の研究倫理委員会を管轄する窓口に相談すること。

開発されている。代表的なものを以下に紹介する。

（2）APRIN eラーニングプログラム（eAPRIN）[2]

一般財団法人公正研究推進協会（Association for the Promotion of Research Integrity：APRIN）は，科学の発展に伴うグローバルな研究倫理の啓発を目指して2016年に日本で設立された団体である。APIRNの提供するeラーニングプログラムである“eAPRIN”は，国際的な標準化研究倫理教育コンテンツであるアメリカの“Collaborative Institutional Training Initiative（CITI）”をモデルに開発された。現在では国内の多くの大学がeAPRINを学内の研究者向けの研究倫理教育に活用している。

eAPRINのコンテンツは，ウェブ上で読むことのできるテキストと，単元ごとのテストから構成される。受講者は好きな時にeAPRINのウェブサイトにアクセスして各単元の内容を閲覧し，学習することができる。各単元の最後には内容に対応したテストが準備されていて，自身の達成度を確認することもできる。

eAPRINには多くの領域が含まれているが，臨床心理学系研究において最も重要な領域は「責任ある研究行為（RCR）」と「人を対象とした研究（HSR）」である。特に「人を対象とした研究（HSR）」には，インフォームドコンセントや個人情報の取り扱いといった，研究倫理委員会の審査に直結した単元が多数含まれていることから，必須の領域である。

（3）ICR臨床研究入門[3]

「ICR臨床研究入門」は，主に医学系の臨床研究に関わる関係者のた

2　https://www.aprin.or.jp/
3　https://www.icrweb.jp/icr_index.php

めのeラーニングプログラムとして2005年に設立された事業であり，国立がん研究センターが運営を行っている。特に医学系の研究に関する法令や指針に関連したコンテンツが充実しているのが特徴であり，臨床心理学系の研究を行う際にも有用である。ICR臨床研究入門のコンテンツは，講師のプレゼンテーションを収録した動画と，ダウンロード可能なスライド資料で構成されている。

臨床心理学系研究と特に関連が深いのは，文部科学省・厚生労働省による指針である「人を対象とする医学系研究に関する倫理指針」に対応した各種コンテンツである。臨床心理学系研究の一部はこの指針による規制対象に含まれることから，該当する研究を行う際にはとても有益なコンテンツである。

3. 人を対象とする臨床心理学系研究の倫理

（1）日本における法令と指針

人を対象として行われる臨床心理学系研究について，直接的に規制を受ける法律はわが国には存在しない。比較的関係が深いのは個人情報保護法であるが，同法では学術研究機関による学術研究は適用対象外とされている[4]。

人を対象とする臨床心理学系研究と直接関係するのは，文部科学省と厚生労働省による「人を対象とする医学系研究に関する倫理指針」である。この指針は医学系研究のための指針ではあるが，一部の臨床心理学系研究はこの指針の規制対象に含まれる可能性があることを留意する必要がある。また，大学によっては医学系研究と心理学研究の両者を対象

4　ただし，個人情報の保護については行政指針の枠組みで規制されていることに留意する必要がある。

とする研究倫理委員会が設置されており，その場合は上記の指針に基づいて審査が行われていることが多い。

(2) 人を対象とする研究の定義

「人を対象とする医学系研究に関する倫理指針」では，人を対象とする医学系研究を下記のように定義している。

> 人（試料・情報を含む。）を対象として，傷病の成因（健康に関する様々な事象の頻度及び分布並びにそれらに影響を与える要因を含む。）及び病態の理解並びに傷病の予防方法並びに医療における診断方法及び治療方法の改善又は有効性の検証を通じて，国民の健康の保持増進又は患者の傷病からの回復若しくは生活の質の向上に資する知識を得ることを目的として実施される活動をいう。

上記の定義に基づくと，たとえば大学生を対象にうつ病の予防を目的とした心理学的介入法の効果研究を行う場合などは，「人を対象とする医学系研究」に該当すると考えられる。この定義に含まれる研究は，心理学分野の研究であったとしても「人を対象とする医学系研究に関する倫理指針」の対象となる。また，上記の定義に含まれない研究においても，個人情報の取り扱いなどを適正に行う際に，この指針を参考にすることが推奨されている。

(3) 臨床心理学系研究における「介入」と「侵襲」

臨床心理学系研究の倫理について理解する上で，「介入」と「侵襲」の概念を理解しておくことは有用である。たとえば，「人を対象とする医学系研究に関する倫理指針」では，介入の有無や，侵襲の程度はどのくらいかという条件によって，規制のレベルが異なってくる。臨床心理学系研究における例を挙げながら，実際にどの程度の規制を受ける可能性があるのかを考えてみたい。

介入の有無を判断するポイントは，「人の健康に関する事象に影響を与える要因の制御の有無」である。たとえば，休職中の労働者を対象とする研究で，心理療法を受ける群と受けない群に対象者をランダムに割り付ける場合は，「介入あり」と判断される。心理療法を受けるか受けないかは人の健康に影響を与える要因を制御していることになるからである。

侵襲の有無を判断するポイントとして，「人を対象とする医学系研究に関する倫理指針」は具体的な目安となる例をいくつか挙げている。すなわち，侵襲とは「研究目的で行われる，穿刺，切開，薬物投与，放射線照射，心的外傷に触れる質問等によって，研究対象者の身体又は精神に傷害又は負担が生じること」を指す。

また，ここで言う「研究対象者の身体又は精神に傷害又は負担が生じる」というのは，研究対象者の身体や精神に確定的に生じるものを指し，実際に生じるかどうか不確定な危害の可能性は侵襲とはみなされないことに注意する必要がある。特に心理学系の研究では，起こるかどうかわからないリスクと侵襲とが混同されやすいが，侵襲とみなされるのは確定的に生じるものに限られる。

侵襲のうち，研究対象者の身体や精神に生じる傷害・負担が小さいものを「軽微な侵襲」と呼び，より侵襲の程度の高いものとは区別して規制されている。したがって，侵襲の程度は３段階に分けて考えることができる。すなわち，「侵襲なし」「軽微な侵襲」「軽微な侵襲を超える侵襲」であり，侵襲の程度は順に強くなる。

臨床心理学系研究において「侵襲なし」とみなされる研究の例としては，心的外傷に触れることのない質問紙調査，唾液を生体試料として用いる実験などである。ほとんどの臨床心理学系研究は，「侵襲なし」の範囲に含まれることがわかる。

「軽微な侵襲」と判断される研究例としては，心的外傷に触れる質問により対象者が精神的苦痛を生じることが予想されるが，対象者にそのような質問が含まれることをあらかじめ知らせ，回答を拒否する自由が十分に保障されている質問紙調査が該当する。また，一般健康診断で行われるのと同程度の採血を伴う研究も，このカテゴリーに含まれる。

「軽微な侵襲を超える侵襲」とみなされる研究の例は，心的外傷に触れる質問によって対象者が精神的苦痛を生じることが確定的であり，回答を拒否する機会を十分に設けることが困難な質問紙調査が挙げられる。あるいは，研究目的で意図的に緊張や不安などを与え，精神の恒常性を乱す研究もこのカテゴリーに該当する。

（4）臨床心理学系研究におけるインフォームドコンセント

研究を実施するにあたり，対象者には事前にインフォームドコンセントを得ておく必要がある。「人を対象とする医学系研究に関する倫理指針」では，すべての研究で原則として下記の14項目について説明する必要があるとされている[5]。

1．研究の名称と施設長の許可
2．研究機関名と研究者氏名
3．研究目的と意義
4．研究方法と期間
5．対象者に選定された理由
6．リスク・負担と利益
7．同意の撤回
8．同意しなくても不利益がないこと
9．情報公開の方法
10．研究計画書の閲覧
11．個人情報等の取り扱い
12．試料・情報の保管と廃棄の方法
13．資金源と利益相反
14．対象者・関係者からの相談対応

5　研究倫理委員会が認めた場合には項目の省略は可能である。一方，謝礼が支払われる研究など，追加の項目が必要となる場合もある。

インフォームドコンセントの手続きとして，最も厳密な手続きは文書で同意をとることである。侵襲がある研究（軽微な侵襲を含む）では文書同意が必須である。一方で，侵襲がない研究については必ずしも文書同意は必須ではなく，口頭での同意と記録作成[6]によるインフォームドコンセントに替えることができる。

さらに，侵襲がなく，介入を実施せず，生体試料も用いない場合には，個別に同意を得る必要もない。この場合は「オプトアウト同意」と呼ばれる手続きがとられ，案内の掲示やホームページ掲載などによって研究の概要を対象者に知らせ，研究に参加したくない人に申し出てもらうことで，インフォームドコンセントを実施することができる。

（5）個人情報の取り扱い

臨床心理学系研究における個人情報の取り扱いで，特に注意しなければならないのが要配慮個人情報の取り扱いである。要配慮個人情報とは「本人の人種，信条，社会的身分，病歴，犯罪の経歴，犯罪により害を被った事実その他本人に対する不当な差別，偏見その他の不利益が生じないようにその取扱いに特に配慮を要するものとして政令で定める記述等が含まれる個人情報」とされる。臨床心理学系研究では，各種障害（精神障害，発達障害，知的障害など）の有無，健康診断等の検査結果，治療歴，刑事手続きといった情報を取り扱う可能性があるが，これらは要配慮個人情報に含まれる。要配慮個人情報を研究において取得する場合には，原則として対象者から適切な同意を得る必要がある[7]。

6　説明の方法と内容，および受けた同意の内容について記録を作成すればよい。

7　一部例外がある。詳しくは「人を対象とする医学系研究に関する倫理指針ガイダンス」を参照のこと。

（6）配慮が必要な対象者

たとえば，未成年を対象とする研究では，インフォームドコンセントの手続きに配慮が必要になる。未成年は研究参加への同意能力が十分でない場合があることから，親権者等を代諾者としてインフォームドコンセントの手続きを行うことになる。ただし，「人を対象とする医学系研究に関する倫理指針」では，中学校を卒業しているか，16歳以上である場合には，一定の条件つきで未成年本人からインフォームドコンセントを得ることができる。

演習問題

1．20才以上の大学生を対象とした調査研究において，コミュニケーションスキルとパーソナリティ特性を測定する尺度を用いた質問紙を実施する場合に，文書同意によるインフォームドコンセントを得なければならないだろうか。考えてみよう。

2．研究倫理委員会の審査において，あなたの研究計画に対して委員の一人が「この研究はアメリカの心理学分野における研究倫理規制に反している。研究の実施は認められない」とコメントしている。当該の研究は日本国内で実施されるものであるとして，この委員の意見をどのように受け止めればよいだろうか。考えてみよう。

解答のポイント

1．この研究は介入が含まれず，侵襲もないことから，文書同意によるインフォームドコンセントの手続きは必須ではない。特段の事情のない限りはオプトアウト同意によって実施することができる。

2．アメリカの規制は，原則としてアメリカの国内に適用されるものである。研究が日本だけで実施されるのであればアメリカの国内規制に従う必要はない。ただ一方で，委員個人の思想信条として，日本でもアメリカの国内規制と同じようにすべきだ，という意見を委員が持つこと自体は妨げられるものではない。もしあなたが，この委員の意見が妥当ではないと考えるのであれば，研究倫理委員会への回答の中でこの点を問い合わせてみて，委員会としての見解を尋ねてみてもよい。

引用文献

- 一般社団法人日本臨床心理士会（2009）．一般社団法人日本臨床心理士会倫理綱領　一般社団法人日本臨床心理士会
- 公益社団法人日本心理学会（2011）．公益社団法人日本心理学会倫理規程（第３版）　公益社団法人日本心理学会

参考図書

- アムダー, R. J. & バンカート, E. A.（編）栗原千絵子・斉尾武郎（訳）『IRBハンドブック（第２版）』（中山書店，2009年）
- 文部科学省・厚生労働省『人を対象とする医学系研究に関する倫理指針』（文部科学省・厚生労働省，2017年）
- 文部科学省・厚生労働省『人を対象とする医学系研究に関する倫理指針ガイダンス』（文部科学省・厚生労働省，2017年）

索引

●配列は五十音順

●あ　行

●か　行

●さ 行

●た　行

●な　行

●は　行

●ま　行

●や　行

●ら　行

●わ　行

分担執筆者紹介

（執筆の章順）

小川　洋和（おがわ・ひろかず）

・執筆章→4・5

2003年　関西学院大学大学院文学研究科博士課程後期課程心理学専攻修了
現在　関西学院大学文学部総合心理科学科教授・博士（心理学）
専攻　実験心理学・認知心理学
主な著書　なるほど！心理学実験法（共著　北大路書房）
心理学の基礎　四訂版（共著　培風館）
基礎心理学実験法ハンドブック（共著　朝倉書店）
認知心理学ハンドブック（共著　有斐閣）

大竹　恵子（おおたけ・けいこ）

・執筆章→6・7

2002年　神戸女学院大学大学院人間科学研究科博士後期課程修了
現在　関西学院大学文学部総合心理科学科教授・博士（人間科学）
専攻　健康心理学
主な著書　なるほど！心理学調査法（北大路書房）
保健と健康の心理学－ポジティブヘルスの実現－（ナカニシヤ出版）
健康と暮らしに役立つ心理学（北樹出版）
女性の健康心理学（ナカニシヤ出版）

佐藤　寛（さとう・ひろし）

・執筆章→8・9・13・15

2006年　筑波大学大学院人間総合科学研究科一貫制博士課程修了
現在　関西学院大学文学部総合心理科学科教授・博士（心理学）
専攻　臨床心理学
主な著書　なるほど！心理学観察法（北大路書房）
なるほど！心理学面接法（北大路書房）
カウンセリングにおけるアセスメントの原理と適用（金子書房）
ガードナー臨床スポーツ心理学ハンドブック（西村書店）

米山　直樹（よねやま・なおき）

・執筆章→10～12

2000年　金沢大学大学院社会環境科学研究科博士後期課程修了
現在　関西学院大学文学部総合心理科学科教授・博士（文学）
専攻　行動分析学・臨床心理学
主な著書　なるほど！心理学面接法（北大路書房）
いじめ臨床～歪んだ関係にどう立ち向かうか～（共著　ナカニシヤ出版）
学校支援に活かす行動コンサルテーション実践ハンドブック（共著　学苑社）
学校臨床～子どもをめぐる視座と対応～（共著　金子書房）

編著者紹介

三浦　麻子（みうら・あさこ）

・執筆章→1～3・14

1995年　大阪大学大学院人間科学研究科博士後期課程退学
現在　大阪大学大学院人間科学研究科教授・博士（人間科学）
専攻　社会心理学・計算社会科学
主な著書　なるほど！心理学研究法（北大路書房）
人文・社会科学のためのテキストマイニング（共著　誠信書房）
グラフィカル多変量解析（新装版）（共著　現代数学社）

放送大学教材　1529390-1-2011（テレビ）

心理学研究法

発　行　　2020年３月20日　第１刷
　　　　　2023年１月20日　第３刷
編著者　　三浦麻子
発行所　　一般財団法人　放送大学教育振興会
　　　　　〒105-0001　東京都港区虎ノ門1-14-1　郵政福祉琴平ビル
　　　　　電話 03（3502）2750

市販用は放送大学教材と同じ内容です。定価はカバーに表示してあります。
落丁本・乱丁本はお取り替えいたします。

Printed in Japan　ISBN978-4-595-32177-1　C1331